上海市2023年度"科技创新行动计划"科普专项
杨浦区"运动健康"科普特色能力建设项目资助出版

白领智慧运动

——14周养成运动习惯

张 盛 李夏雯 编著

科学出版社

北京

内 容 简 介

　　本书是一本关于白领人群如何开展智慧运动的书籍。全书共包含三个部分，第一部分阐明白领智慧运动的益处，智能可穿戴设备如何助力白领运动智慧化，以及如何科学制订白领智慧运动计划。第二部分基于第一部分的理论指导，制订出一套科学系统的14周白领智慧运动指南，图文并茂、清晰明了、实操性强，指导读者根据自身需求合理开展运动，养成健康的运动习惯。第三部分对14周白领智慧运动实施过程中可能遇到的问题进行汇总并答疑，帮助白领人群更加安全有效地开展智慧运动。

　　本书旨在帮助白领人群培养运动习惯，实现运动健康生活，适用于无基础疾病的白领人群，也适用于关注大众健身的从业者和健身爱好者。

图书在版编目(CIP)数据

　　白领智慧运动：14周养成运动习惯 / 张盛，李夏雯编著.
-- 北京：科学出版社，2025.6. -- ISBN 978-7-03-081919-2

　Ⅰ. G883

中国国家版本馆CIP数据核字第2025KC0380号

责任编辑：张佳仪 / 责任校对：谭宏宇
责任印制：黄晓鸣 / 封面设计：殷　靓

科 学 出 版 社 出版

北京东黄城根北街16号
邮政编码：100717
http://www.sciencep.com

苏州越洋印刷有限公司印刷
科学出版社发行　各地新华书店经销

*

2025年6月第 一 版　开本：B5（720×1000）
2025年6月第一次印刷　印张：6 1/4
字数：113 000
定价：58.00 元
（如有印装质量问题，我社负责调换）

前　言

　　健康是国家富强的重要标志,是广大人民群众的共同追求,是实现中华民族伟大复兴的基础。近年来,国家以提高人民健康为核心,全力普及健康生活,帮助人民塑造主动健康行为,推进全民健身行动,提高全民身体素质。随着健康中国建设的有序推进,全民健康已由战略规划阶段进入快速发展阶段,人民群众的健康意识显著提升,对运动锻炼等非医疗健康干预的需求日益增长,这也是现阶段体育科学研究者需要为之努力的新方向。

　　职场白领人群是驱动创新的中坚力量,对我国社会主义事业的发展至关重要。当前,多数白领在高压的竞争环境当中,脑力活动较多,久坐行为增加,身体活动严重不足,身心健康状况不容乐观。随着健康知识的普及,许多白领已经认识到运动的价值,但同时也存在许多痛点,例如,开始难——无法实现运动的从0到1;坚持难——无法形成规律的运动习惯,做到运动的从1到100;无效果——有运动习惯但无法达到自己预期的健康效果,甚至还会出现运动损伤。

　　生命在于运动,运动需要科学。本书内容借助智能可穿戴设备,针对白领人群制订14周循序渐进的智慧运动计划,以期满足白领人群的健康需求,帮助该群体简单地开始运动、规律地坚持运动,并收获运动的健康效益。白领智慧运动以促进"白领健康"为核心,充分考虑现阶段白领的生活、工作场景进行动作设计。本书包含具体的动作讲解,并配有标准动作示范图片,简便易行,科学智能,时尚有趣。本书不仅可以增加白领群体的健康效益,增进白领人群的生活福祉,也可以为大众健身从业者和爱好者提供参考和借鉴,为健康中国行动贡献绵薄之力。

本书为上海体育大学教授张盛领衔的上海市2023年度"科技创新行动计划"科普专项——杨浦区"运动健康"科普特色能力建设项目(项目编号:23DZ2300200)的培育成果,旨在通过科学普及与实践指导,使"会运动、爱运动,让科学健身成为美好而简单的事"的理念深入人心。感谢王元媛、谢明杰、赵颖倩对图片拍摄工作给予的支持和帮助。

编者

2025年2月

目　录

第 1 章

你想了解的白领智慧运动那些事儿

白领为何需要智慧运动

中国的白领最早出现在改革开放初期,指的是在外企工作的办公室人员。随着改革的深化发展,白领的概念逐渐泛化,受到过良好教育的脑力工作者、半体力劳动工作者均可归为白领人群。该群体涉及行政管理、信息技术、医疗、教育等多个社会支柱性行业,随着各行各业的不断发展,白领群体规模也在不断扩大[1]。一直以来,白领群体通过他们的专业性和创新性,对我国社会经济发展、社会结构优化以及国际竞争力的增强起着积极的推动作用,因此,白领群体健康的可持续发展不仅关系到个人、家庭的幸福,还关系到我国整体经济的发展以及社会的稳定进步。然而,现阶段高压的社会环境和不良的生活方式使得白领人群面临着越来越严峻的健康挑战。

在身体健康方面,作为脑力劳动者,白领久坐行为显著增加,身体活动严重不足。世界卫生组织已明确指出,久坐、身体活动不足的不良生活方式是仅次于高血压、吸烟、高血糖的全球第四大死亡风险因素,是21世纪最重大的公共卫生问题。身体活动不足是心血管疾病、肥胖症、骨质疏松、部分癌症等慢性非传染性疾病的重要诱发因素[2]。长期久坐伏案工作所带来的局部肌肉紧张,会使肩颈腰背疼痛,引发或加重骶髂关节炎、腰椎间盘突出、颈椎病等骨科疾病[3]。

在心理健康方面,白领群体面临着多重压力,日益激烈的职场竞争环境,复杂的职场人际关系、婚恋问题、住房问题等。这些压力不是暂时的,而是长期客观存在的,如果由此引发的负面情绪持续时间较长,且无法得到纾解,就容易出现心理问题或疾病[4]。长期的心理应激或严重的心理疾病还可能会间接影响大脑的健康状况,引起大脑神经递质传导的不平衡,从而对注意、语言、记忆等大脑正常功能造成负面影响,进而影响白领的生活质量[5]。

上述身心健康问题会严重影响到白领的工作生活质量,降低幸福感。运动锻炼是促进健康和疾病康复预防的有效手段之一,可以有效改善白领群体久坐状态,释放工作压力,调节负面情绪,从源头上控制白领群体慢性疾病的发病率,整体提高白领群体的身心健康水平[6-7]。科学合理的运动可以为白领带来健康与活力,然而不合理的运动不仅达不到健康促进的功效,还可能造成运动损伤和意外,如肌肉损伤、心血管突发事件等[8-9]。因此,我们不仅要在白领群体中大力推广"运动健康促进"理念,还需要指导他们如何科学、系统、安全地开展运动,进而全面提高白领群体的科学运动意识和能力水平。

智慧运动可以有效提升白领运动的科学性、安全性和有效性,更好地收获运动的健康效益。近年来,数字智能技术在运动领域得到了广泛的推广与应用,智慧体育、智慧运动等概念随之而来。智慧运动是一种将数字智能技术与传统运动锻炼相结合的新型运动方式。在物联网、大数据等新一代科学技术的支持下,智慧运动利用智能可穿戴设备等科技产品实时收集用户的运动数据,再通过大数据算法对运动数据进行处理与分析,为用户提供个性化运动建议及反馈[10]。白领群体受教育程度普遍较高,注重个人成长和创新,对运动服务的需求更加个性化、多样化。相较于传统运动,智慧运动方式更能满足现阶段白领人群的运动需求。

科学运动,好处多多

早在2 500年前,中国古代医学先贤们就意识到运动和健康之间的促进关系,开始提倡通过体育锻炼来促进身心健康。2 000多年前的西方医学界同样提出规律运动可以治疗疾病,促进健康。之后,经过漫长的科学研究与实践,"运动是良医"理念建立起庞大的证据支持系统[11]。2007年,"运动是良药"作为一种学术理念和健康行动由美国运动医学会和美国医学会正式提出,并于2010年面向全球发布,至今已得到多个国家的响应与支持。美国、日本、德国、芬兰等发达国家已经通过制定多种政策鼓励国民增加体育活动,大大提升了国民的健康水平,取得的社会健康效益显著[12]。2012年,"运动是良医"在中国正式启动。2016年10月25日,中共中央、国务院印发《"健康中国2030"规划纲要》,明确提出要推动全民健身与全民健康的深度融合,全面提高国民的健康水平。多项国家政策的颁布是运动健康理念与行动计划在我国快速推广与应用的强大保障。大量的科学研究成果和社会健康效应是目前运动健康理念和行动计划得到广泛认可和推广的重要基础。

"运动健康促进"已经得到医学、体育学、心理学等多学科领域的研究支持,儿童、青少年、成年人、老年人都可以从合理运动中获益[13]。以成年人为目标人群的研究发现,科学运动的益处主要表现在以下几个方面。

增强身体素质

科学运动可以提高成年人身体素质,适当减缓随着年龄增长所带来的身体机能退化。科学运动可以强健心肺,促进呼吸系统和血液循环系统的工作效率。心肺耐力是临床第五大生命体征,是身体健康的核心要素。随着年龄的增长,心肺耐力会逐渐下降。规律运动可以有效提升肺功能和呼吸功能,使得肺部的氧气和二氧化碳交换得更为充分。合理运动还可以提高心血管系统的工作效率,增强心脏泵血能力,促进血液循环,将呼吸系统传递至血液中的新鲜氧气更好地输送至全身各部位,用来支撑维持机体正常的生命活动[13]。持续的有氧运动和大强度间歇训练可以有效提高心肺耐力,其中,大强度有氧间歇的优化效果更好一些[14]。

科学运动可以强健骨骼肌肉,促进脂肪分解,改善代谢健康[15]。首先,适量运动可以增加骨密度,帮助维持骨转换水平,还可以修复骨骼微损伤,改善骨骼结构[16]。研究发现,较大强度负荷的力量训练有利于提高骨密度,有利于骨质疏松症、骨丢失的预防。相反,身体活动不足是导致骨质疏松的重要因素之一[15,17]。其次,运动可以改善肌肉功能,改善关节柔韧性[18]。肌肉功能衰减、关节活动度降低都是人体衰老进程中容易出现的健康问题,会对行走、姿势维持等日常行为活动造成诸多不便。力量训练,也叫抗阻训练,可以有效增强肌肉力量,提高肌肉耐力[19]。太极拳、瑜伽、普拉提等运动均可以改善关节活动度和柔韧性[20-21]。再次,长期坚持运动可以改善人体的代谢健康,其中耐力运动可以改善能量物质的代谢,加速脂肪氧化,降低肥胖发生风险等[15]。规律的太极拳和瑜伽特定动作练习也可以有效促进白领人群的腰腹脂肪代谢,起到减脂塑形的功效[22]。此外,运动可以提高平衡力和敏捷性[18]。平衡能力受中枢神经系统的调控,和肌肉功能、关节柔韧度、视觉、前庭器官均有关系,平衡能力的提升有助于降低跌倒风险。

科学运动可以有效地预防、延缓、治疗多种慢性疾病,是一种绿色的、非医疗、低成本的健康促进干预手段。运动不仅可以降低高血压、高血脂、糖尿病等慢性疾病的发病率,甚至可以减缓慢性疾病的进程,还有利于术后康复。例如,高血压患者的心肺耐力水平要显著低于健康个体。其中,与年龄增长相关的高血压是有可能避免的,强度低、持续时间长的有氧运动可以减缓高血压的进程,甚至可以逆转。持续的有氧运动、大强度有氧间歇运动、养生气功等民族传统体育均能明显降低高血压患者的血压[14]。12周八段锦联合有氧自行车运动干预可以有效提高冠心病患者术后心肺功能的康复[23]。针对慢性疾病患者的运动干预应当在保证安全的前提下,根据每种慢性疾病的特点制订个性化的运动方案。

改善心理健康

科学运动可以改善心理健康水平,适当缓解当今社会白领人群可能出现的神经过敏、焦虑等心理健康问题。心理健康指的是心理各个方面都处于一种良好的状态,性格完整,能够正确客观地认识自己、坦然地接纳自己,良好的自我调控能力和外界适应能力,态度积极,情感正常,行为恰当。

科学运动可以改善情绪调节,减轻压力。运动时体内会产生内啡肽、多巴胺、血清素等"快乐因子",有助于产生愉悦、畅快、兴奋的积极情绪;运动还可以降低皮质醇等压力激素水平,从而缓解紧张、沮丧的消极情绪[24-25],还可以治疗抑郁症、恐惧症等情绪障碍[26]。研究还发现经历过负性事件之后,及时展开运动可以帮助个体更快地淡忘负性情绪事件,缓解负性事件对个体造成的不良影响[27]。良好的情绪是心理健康的核心要素之一。

科学运动可以增强自尊和自信,帮助塑造积极的人格品质,且相较于急性、短期运动,长期规律的运动对自尊和自信的提升作用更大。身体自尊是自尊的一个重要组成部分,指的是对自己相貌、体格、体能等方面的看法和评价[28]。运动可以塑造正确的审美观,与以瘦为美不同,运动带来的是一种更加自然、健康的审美。

长期规律的运动不仅可以提高白领人群的综合身体素质,还可以收获力量美、体态美、协调美等,这些都有助于提高身体自尊[29]。良好的身体自尊感可以促进整体自尊的提高[30]。长期规律的运动还可以帮助建立较高水平的运动自我效能感。自尊、自我效能感与自信高度相关,高自尊和高自我效能感通常会带来高自信。这些良好的人格品质会帮助建立积极的自我信念,能够勇敢面对困难挑战、追求目标。

科学运动可以促进积极社交,增加社会支持。社会支持指的是个体可以感受并接收到来自社会网络、亲朋好友的物质或精神帮助。无论是个人项目还是双人或多人集体运动项目均可以拓宽社交圈子,增加人际交往,结交到志同道合的朋友,其中集体项目效果更显著[31]。研究发现,有运动习惯的人可以比无运动习惯的人获得更多的社会支持[32]。研究还发现,社会支持作为重要的中介变量还可以调节运动对其他心理过程的促进作用[33]。

促进脑健康

科学运动可以促进脑健康水平,促进成年人大脑和神经可塑性,提高记忆、语言等认知功能[34]。脑健康指的是大脑结构完整、功能正常,生化代谢良好。随着功能磁共振、脑电图、近红外光谱等先进技术的广泛应用,国内外体育科学和认知神经科学等相关的科研工作者对运动促进脑健康这一问题进行了多角度、多层次的研究。

分子细胞层面,科学运动可以调节脑内和外周的分子浓度,例如脑源性神经营养因子(BDNF)、神经生长因子(NGF)、胰岛素样生长因子-1(IGF-1)、血管内皮生长因子(VEGF)等,这些分子可以促进神经元、神经突触的健康和再生,促进血管的生成,优化大脑内部和外周细胞血流环境[35-36]。近年来,国内外学者均有提出"运动因子"的观点,并得到许多研究的支持,他们认为,运动时肌肉、肝脏、脂肪等外周器官会分泌出肌肉因子、肝脏因子、脂肪因子等,这些因子进入血液循环之后,可以作用于大脑,促进大脑内多种营养因子的生成,进而起到改善脑功能的作用[37]。另外,运动还可以促进多巴胺、血清素等大脑神经递质的释放。神经递质是大脑神经细胞与细胞之间进行信号传递的活性化学物质。这些递质的释放同样可以促进血管和神经的生长,促进大脑健康。

大脑结构和功能层面,科学运动可以增强成年人大脑的可塑性。大脑可塑性指的是大脑的结构和功能随着内外环境变化而不断修饰和重组的能力[37-38]。大脑皮质在青春期发育成熟,之后开始下降。随着年龄的增长,30 ~ 90岁之间有可能会丢失掉约15%的大脑皮质组织,这些皮质组织所负责的功能也会随之衰退,包括注意、学习记忆、语言、情绪控制等。运动可以增加脑容量、大脑白质和灰质体积,缓解与年龄增长相关的大脑结构和功能的衰退。其中,灰质体积的增加反映了神经元细胞体数量的增加,而白质区域则显示轴突的增加。研究发现,运动时皮质体积会增加,运动停止,皮质增加的趋势就会停止,且运动总量越大,大脑灰质体积越大[34]。针对太极拳项目的研究发现,长期的太极拳锻炼可以重塑大脑结构,增加额中回、脑岛、壳核、杏仁核、颞下回等区域灰质体积,也可提高大脑白质网络信息传递效率,进而提高锻炼者的认知加工、执行控制、情绪调节等多方面功能[39]。

提高工作绩效

1954年,政务院《关于在政府机关中开展工间操和其他体育运动的通知》号召工作人员在每天上午和下午工作时间中抽出10分钟做工间操。2009年,《全民健身条例》同样规定国家机关、企事业单位组织工作人员开展工间操,号召大家每天健身1小时。工间运动可以帮助工作人员恢复工作时产生的认知、情感资源消耗,释放工作压力,激发积极情绪。积极情绪拓展理论提示,积极情绪可以扩大人们的注意力和认知范围,激发创造性思维,促进工作任务绩效和工作能力的提升[40]。工间运动还可以有效提高工作关系绩效,良好的关系绩效包含自觉遵守规则、保持对工作的热情和付出足够的努力等特征。运动过程中可以通过同步参与者们的感觉和运动系统,进而实现情绪、情感的同步,提高感知、理解他人意图和情绪的可能性,这样会提高他们的利他行为,抑制攻击行为,改善工作场所的人际关系[41]。

提高主观福利感受

科学运动具有主观福利效应。主观福利指的是人们对生活质量的主观感受和评价,包括生活满意度、主观幸福感和工作满意度。主观福利感受不仅可以反映人们客观实际的生活状态,也可以反映人们的价值感和获得感,是检验国家政策功能发挥程度、人民安居乐业的有效指标。研究发现,通过运动积累健康资本是提高人民主观福利感受的重要途径,运动可以通过改善身心健康水平来提升生活的主观福利效应。运动还可以帮助积累社会资本,增进社会信任和提高社会声望,进而提高生活的主观福利效应[42]。

智能可穿戴设备助力白领运动智慧化

智能可穿戴设备指的是便携式穿戴在身上的智能设备,如智能运动手表、健康手环、智能球鞋等,可以实时监测人体的心率、肌电、睡眠、压力等多项指标,实现对身心健康指数的精准了解,也可以记录运动频率、运动时间等运动数据。理想化的智慧运动是借助智能可穿戴设备或传感器,实时收集用户运动过程中的生理参数和运动数据,借助大数据技术对收集到的用户数据进行处理与分析,为用户提供个性化的运动指导和反馈,借助人工智能技术为用户制订科学合理的运动计划并对运动效果进行评估,从而提高运动的科学性、有效性和安全性。

目前,智能可穿戴设备的实时监测功能已经趋于成熟,而大数据和人工智能技术在运动锻炼领域的应用还需要进一步探索与推广。基于当前已有的技术支持,白领智慧运动充分利用智能可穿戴设备的自监测功能,通过可视化数据帮助白领实现运动交互,助力白领运动智慧化转变。白领智慧运动计划融合运动心理学、运动康复学等多门体育学科知识,制订14周白领运动计划。初始阶段将智能可穿戴设备和传统测试项目相结合,帮助白领了解当前的静息心率、睡眠、肌肉力量等身心现状,明确运动需求并选择适合自己的运动方式,例如增肌需要力量训练,减脂需要有氧运动训练,呼吸运动训练则对情绪调节非常有帮助。白领智慧运动计划充分考虑个人数据和喜好,提供个性化服务。可以因白领个人喜好不同、需求不同、选择不同,衍生出多种适应性运动组合,使得14周运动计划灵活可变,提高白领运动的针对性和趣味性,帮助白领更好地达成运动目标。

智能可穿戴设备可以监测每次运动前、运动中、运动后的各种参数,方便白领根据参数反馈及时调整运动强度和负荷。这种监测和反馈功能对于提高运动效率和确保运动安全性至关重要,例如,心率异常升高可能预示着白领存在运动过度,运动时一旦心率异常,智能可穿戴设备可以及时预警,提醒白领做出应对措施。智能可穿戴设备还可以持久记录各种生理运动参数,通过观察这些参数的变化,白领不仅可以看到健康数据的好转,还可以感受到运动水平的提升,这种正向激励反馈可以大大提高白领参与运动锻炼的积极性和可持续性。末尾阶段,在智能可穿戴设备的辅助下,重复初始阶段的各项测试,对比14周运动前后的各项测试结果,将白领智慧运动的效果数据化,明确运动成效。

如何科学制订白领智慧运动计划

《"健康中国2030"规划纲要》中强调要广泛开展全民健身行动,促进重点人群体育活动,制订并实施职业群体的体质健康干预计划。白领运动计划的主要目标是提升白领群体健康水平,该计划需要充分考虑白领人群的体质和健康现状,符合运动锻炼的基本原则,包含具体的运动实施方案。

科学制订白领运动计划的基本原则

安全性原则。确保运动安全是白领运动计划的基础性原则。正式运动开始前,需要明确运动禁忌证,指导白领做好运动能力评估,在身体能力范围内弹性化制订运动方案。如果安全性保障做得不到位,极有可能出现运动损伤,造成锻炼中断,无法收获运动效益;也有可能发生运动意外事件,威胁到个人的生命安全。

有效性原则。应该选择适合白领的运动项目,合理设置运动强度和运动频率。在身体可承受的范围内,适当激活身体,并及时展开下一次运动,达到效果累加,最终实现最佳的运动效果。有效性也是激励白领持续参加运动的重要原因之一。白领人群时间宝贵,如果花费了时间,付出了汗水,却无法获得相应的健康效果,甚至造成运动损伤,会让人产生运动没有意义的错误认知。

个性化原则。白领运动计划应该充分考虑白领人群的需求及体质水平,制订适合白领人群的运动方案。目标人群不同,制订的运动方案也不同,例如,同样是力量训练,白领人群和老年人的运动方案肯定不一样。即便都是白领人群,体质水平或者运动爱好不一样的人,运动方案也不一样。

可操作性原则。白领运动计划一定是可操作性强、便捷且有效的。一切烦琐的、需要花费很多额外的准备时间或者金钱才能开展的运动项目,都很难被坚持,更不会达到预期的目标效果,无法很好地推广。运动方式的选择应该充分考虑白领人群的日常环境和运动喜好,尽量选择喜欢、便捷且有能力完成的运动项目。

循序渐进原则。白领运动计划实施过程中,运动方式的选择应该从易到难,运动强度和运动时间等应该从小到大,逐步递增,遵循循序渐进原则。这样可以让身体肌肉和关节有一个适应的过程,有效减少运动损伤风险。

弹性化原则。白领运动计划实施过程中,运动计划需要根据具体实施情况进行弹性化调整。例如,如果运动感到强度过大,甚至给身体造成不适的感觉,应当及时降低运动强度,回到之前适应的运动强度。

白领运动计划的要素分析

　　白领运动计划需要在遵循运动锻炼基本原则的前提下，全面考虑白领各方面条件，合理设置运动的各个要素，最终达到全面提升白领身心健康水平的目的。FITT-VP是制订运动计划的重要元素，包括运动频率（frequency）、运动强度（intensity）、运动时间（time）、运动类型（type）、运动总量（volume）和运动进程（progression）[13, 43]。

• 运动频率 •

　　运动频率指的是每周的训练次数。运动频率的设置需要遵循"超量恢复理论"。机体运动后的恢复包括运动中恢复、运动后恢复以及超量恢复三个阶段。在超量恢复阶段，人体的各种机能以及运动时消耗的能量不仅会完全恢复，还可以超过原有水平。在运动后出现超量恢复时应该及时展开下一次运动，这样可以帮助实现运动效果的逐次累加。运动频率过低无法效果最大化，运动频率过高容易出现运动疲劳逐渐累加，增加运动风险。另外，超量恢复与运动强度密切相关，在适量强度范围内，强度越大，超量恢复效果越明显，时间越晚；强度越小，超量恢复效果越小，出现时间越早。无基础疾病的白领人群，如果开展小强度运动可以采用5 ～ 7次/周的运动频率，开展中等强度运动可采用3 ～ 4次/周的运动频率，开展较大强度运动可采用2 ～ 3次/周的运动频率。综合考虑自身运动能力合理设置运动频率，避免运动疲劳的积累，一般来讲都是有益身心健康的。

• 运动强度 •

　　运动强度是白领运动计划中的关键核心要素之一，与运动健康效益存在着明显的剂量关系。运动强度过低，无法激活机体使其产生健康收益；强度过高，机体无法承受容易产生运动损伤。因此，白领运动计划应当合理设置运动强度。基于可操作性原则，建议白领人群采用最大心率百分比和自觉疲劳程度量表相结合的方法来实时评估并调整运动强度。

🏃 最大心率百分比

　　最大心率是在力竭试验，即人体能承受的最大强度运动试验下测得的心率最大值，也可根据公式估算，此公式适用于成年人：

$$最大心率 = 220 - 年龄$$

　　不同运动强度对应的最大心率百分比范围如表1-1所示。无基础疾病的白领人群可以选择从小强度运动开始，循序渐进，慢慢进阶到中等或较大强度运动。遵循安全性原则，建议不要超过90%最大心率。

表1-1 不同运动强度对应的最大心率百分比范围

心率	运动强度
57% ～ 63%最大心率	小强度
64% ～ 76%最大心率	中等强度
77% ～ 95%最大心率	大强度
96% ～ 100%最大心率	最大强度

🏃 自觉疲劳程度量表

主观疲劳感指的是个人对自身疲劳情况的主观评价,是检测运动强度的有效指标。目前在体育领域中运用较为广泛的是由博格(Borg)开发的自觉疲劳程度量表(rating of perceived exertion scale),简称RPE。该量表有两个版本,原始版本是6 ～ 20分量表(表1-2),与人体静息到极限运动状态的心率范围高度匹配,每个等级乘以10大约对应当前心率值,这种估算方法在年轻人中更准确,白领使用此版量表时建议运动疲劳感不要超过15。简易版本是0 ～ 10分量表(表1-3),与心率无强相关,更侧重主观疲劳感的线性描述,适合快速评估,白领使用此版量表时建议运动疲劳感不要超过6。

表1-2 自觉疲劳程度量表(原始版本)

等级	主观疲劳感知	运动强度分类
6	安静、不费力	静息
7	极其轻松	非常低
8		非常低
9	很轻松	
10	轻松	小强度
11		
12	有点吃力	中等强度
13		
14		
15	吃力	大强度
16		
17	非常吃力	
18		超大强度
19	极其吃力	
20	精疲力尽	最大强度

表 1-3　自觉疲劳程度量表（简易版本）

等级	主观疲劳感知
0	静息
1	极其轻松
2	轻松
3	适中
4	有点吃力
5	吃力
6 ～ 8	非常吃力
9 ～ 10	力竭

· 运动时间 ·

运动时间指的是单次运动的持续时间。运动产生效益所需要的时间需要依据运动强度来确定。具体运动时间的设置，需要在确定运动目的、运动方式以及运动强度之后，进行综合考虑。例如，以减脂控重为目的运动计划，有效的运动方式是有氧运动，持续性中等强度有氧运动或者较大强度间歇有氧运动均可。中等强度有氧运动建议单次50 ～ 60分钟。较大强度间歇有氧运动建议单次运动5秒 ～ 8分钟，稍作休息之后，再次重复，可多组重复，建议总时间为20 ～ 60分钟。

· 运动类型 ·

白领人群面临许多健康风险，如心肺功能逐渐下降，骨质流失、肌力逐年递减，脂肪堆积、超重风险增大，关节活动度降低、肩颈腰背疼痛，焦虑、抑郁等心理问题。针对以上白领常见健康问题需要采用不同的运动方式来改善（表1-4）。

表 1-4　不同健康风险适合的运动类型

健康风险	运动类型	具体示例
心肺功能下降	有氧运动	跑步、有氧健身操、跳绳、爬楼梯、骑行、游泳、球类、舞蹈等
骨质流失、肌力下降	力量训练	器械力量训练、徒手力量训练
脂肪堆积、超重风险增大	有氧运动、力量训练	跑步、有氧健身操、跳绳、爬楼梯、骑行、游泳、球类、舞蹈等 器械力量训练、徒手力量训练

健康风险	运动类型	具体示例
关节活动度降低、肩颈腰背疼痛	柔韧性训练、力量训练	拉伸训练、筋膜松解、普拉提等
焦虑、抑郁等心理问题	呼吸训练	腹式呼吸、轻呼吸等

· 运动总量 ·

运动总量是由运动方式、频率、强度、时间共同决定的。运动总量直接关系到运动有无效果：总量过小，无效果；总量过大，易产生疲劳和损伤。因此，一个良好的运动计划需要具有适宜的运动总量。运动总量可以通过运动中、运动后身体的反应来判断，一般可通过心率和主观疲劳感两个指标判断，简单易操作。单次运动后20分钟之内，心率无法恢复，说明运动量过大。早上起床静息心率突然加快或减慢也有可能是运动量过大的征兆。单次或一段时间运动之后经常觉得疲惫、食欲下降甚至头晕眼花，同样说明运动量过大。相反，每次锻炼完心率、呼吸无明显变化，出汗也不多，说明运动量过小。

· 运动进程 ·

运动进程需要严格遵守循序渐进原则。运动初期，可以逐渐增加运动时间，每1～2周弹性化延长5～10分钟。运动中后期，可以逐渐相互配合着增加运动频率、运动强度和运动时间，以便达到最佳的运动健康促进效果。

14周白领智慧运动计划

· 健康成年人科学运动指引 ·

《关于身体活动有益健康的全球建议》《中国人群身体活动指南（2021）》《美国人身体活动指南》均包含对成年人运动的指导，建议成年人科学运动，包括适量运动、增加日常身体活动、减少久坐。成年人科学运动指导的制定基于大量科研成果，旨在提升成年人的身体活动总量，提高其健康水平，对于成年人运动的开展具有非常重要的指导意义。具体建议汇总如下：

建议成年人开展适量运动，包括有氧运动训练、力量训练以及柔韧性训练。

🏃 有氧运动训练

建议成年人每周进行150～300分钟中等强度或75～150分钟大强度有氧运动，或者中大强度有氧活动组合。每次有氧运动至少维持10分钟，并平均分配到1周当中。近年来，研究中表明大强度有氧间歇运动同样具有健康促进作用，可以有效提高心肺功能,减脂控重,甚至效果更好[44]。

🏃 力量训练

建议成年人每周进行2 ～ 3次力量训练,需要包括上肢、核心、下肢部位的所有主要肌群。针对想要锻炼的目标肌群选择合适的动作,每个动作可以根据自己的能力重复8 ～ 12次(有效的增肌训练次数),进行2 ～ 4组,组间间歇30秒 ～ 2分钟,同一肌群2次训练需要间隔至少48小时,因此可以选择周一、周三、周五,或是周二、周四、周六规律性训练。具体的重复次数、间隔时间、组数视个人体质,可弹性化设置,避免产生运动疲劳和损伤。

🏃 柔韧性训练

建议成年人每周进行2 ～ 3次柔韧性训练,包括关节活动度、关节韧带、肌肉、肌腱的弹性和伸展训练。静态拉伸、动态拉伸,或者两者结合均可,针对目标部位选择合适的拉伸动作,每个动作应在有拉伸感且无刺痛感的程度保持10 ～ 30秒,重复2 ～ 4次。身体没有任何激活的情况下直接拉伸容易出现损伤,因此建议其他运动完成之后开展拉伸运动。

建议成年人增加日常身体活动,培养日常运动意识,将身体活动融入日常工作生活的各个场景当中,比如做家务、通勤、逛街等,尽量在这些场景中增加步行、骑车、爬楼梯等身体活动;建议成年人用身体活动打断久坐行为,可以每工作1小时,起来活动1 ～ 5分钟,去茶水间喝水、站立拉伸、原地跳跃等任何简便易操作的运动方式均可。成年人应该动起来,即便是很少量的运动也比不运动好。

• 14周白领智慧运动具体方案 •

以健康成年人身体活动指南为指导,借助智能可穿戴技术,在充分考虑白领各方面实际情况的前提下,本书制订了14周白领智慧运动的具体方案,旨在提高白领群体身心健康水平,帮助白领养成良好的运动习惯,享受运动健康生活。

白领智慧运动的安全保障

科学规律的运动可以有效提高白领人群的身心健康水平,提高生活幸福感,提升社会福祉,但运动在带来益处的同时也有导致健康风险的可能。因此,希望大家可以采取全面的措施来保证自己的运动安全。

白领智慧运动的适用人群

白领智慧运动适用于无基础疾病的白领人群。孕妇、心血管疾病患者以及骨质疏松、慢性阻塞性肺疾病等慢性疾病患者请谨遵医嘱。如果医学上诊断为运动禁忌证,请配合医生进行治疗康复,避免参加运动;如果是可以运动的情况,请不要拒绝运动,建议您在专业人士的指导与陪同下开展运动,科学合理的运动不仅可以提升医疗效果,还可以延缓疾病进程,更有助于身体机能的恢复。

白领智慧运动的注意事项

- 近期身体不适,如感冒发烧,应好好休息,完全康复后再进行运动。
- 注意环境安全。室内应保证周围没有尖锐物品;室外应避免在天气恶劣、空气污染以及地势危险的地方开展运动。
- 注意及时补充身体的水分与营养,保证运动过程中的能量需求。
- 运动要适度,运动强度和运动量的增加要循序渐进。
- 避免早上空腹以及晚上九点之后进行中大强度运动。
- 穿戴合适的运动服装及装备。
- 认真学习并掌握正确的运动技巧,避免运动损伤。
- 运动前,应充分热身,让身体从平静状态到运动状态中间有一个很好的过渡,提高运动表现,避免运动损伤。运动后的整理运动和拉伸也非常重要,可以帮助身体恢复,减少肌肉酸痛。

白领智慧运动的健康风险

白领智慧运动带来的健康效益要远远大于其所产生的风险,然而不可否认的是运动存在一定的健康风险。科学合理的运动可以帮助降低运动风险,运动不当则可能导致心血管意外、骨骼肌肉韧带损伤、运动性酸中毒、低血糖、脱水、中暑等不良事件的发生。因此,应尽量避免下列运动不良行为。

健康且没有潜在心血管疾病风险的白领群体在智慧运动的整个进程中发生心

血管不良事件的概率极低,但运动强度过大、环境气温过低、运动时间太晚等也会增加心绞痛等心血管意外发生的风险,我们建议在运动过程中时刻关注心率,如有不适,立即停止。运动强度过大、运动方式单一、环境湿滑、体重过大、准备和整理活动不充分会加大骨骼肌肉韧带损伤的风险,如果出现损伤,应立即就医,并暂停运动活动。大强度运动也有可能造成乳酸堆积,使得机体内酸碱平衡失调,导致运动酸中毒,出现肌肉酸痛、呼吸急促的症状,应循序渐进地安排自己的运动强度。空腹运动、运动时间过长以及强度过大容易导致运动性低血糖、脱水,出现头晕、乏力、恶心等症状,应注意运动过程中水分以及营养的补给。在炎热高温的环境中运动容易引起体内电解质紊乱,导致运动性中暑,出现胸闷、头晕等症状,一旦出现症状,应立刻远离或改善高温环境,并采用体外降温方法来缓解不适。

白领智慧运动的必要装备

运动鞋:一双舒适的运动鞋。

服装:前5周,选择日常工作生活中比较舒适,有弹性、不束缚的衣服,方便随时随地开展运动,提高运动的可能性;后9周,随着运动总量的增加,准备一些透气、速干的运动服,帮助维持身体的干爽与温暖。如果在户外,尽量选择醒目显眼的运动服,以保证自身安全。

防护装备:阳光下,须佩戴好运动帽和太阳镜,保护皮肤和眼睛。

运动装备:瑜伽垫。

监测装备:一块可以监测心率和睡眠情况的智能手表,体脂秤。

第 2 章

14周白领智慧运动计划

第1周　初始测试与评估

见证自己的美好蜕变是一个令人兴奋的过程。所以,第1周我们需要进行一组基础测试来了解并记录自己当下的身心状况。科学研究表明,大多数白领容易出现肥胖、脂肪堆积、心脏功能衰退、肌力下降、肩颈腰背疼痛、焦虑、失眠等身心健康问题。

基于此,我们设置了5个基础测试,分别是身体质量指数测试、静息心率测试、肌肉力量测试、身体疼痛测试、情绪与睡眠测试。到了第14周,您需要再次重复这些测试。您会发现随着白领智慧运动的开展,您的身心健康状况会在一定程度上得到好转。

身体质量指数测试

身体质量指数(body mass index, BMI)是用来衡量人体胖瘦程度的一个指标。BMI可以使用体脂秤直接测出,也可通过身高和体重根据公式计算得出:

$$BMI = 体重(千克) \div 身高(米)^2$$

请进行测试并记录自己的BMI指数,根据表2-1进行评价。

表2-1　BMI评价表

单位: kg/m²

BMI	< 18.5	18.5 ~ 23.9	24 ~ 27.9	≥ 28
胖瘦程度	体重过低	体重正常	超重	肥胖

推荐调整方案

• 体重过低

✔ 力量训练为主,每周3 ~ 4次力量训练,刺激肌肉生长,避免单纯增加脂肪,训练后及时补充蛋白质和碳水。

✔ 结合小强度有氧运动,促进食欲和吸收。

• 超重和肥胖

✔ 有氧运动为主,每周>150分钟的中等强度有氧运动,注意保护膝盖,初期建议选择无跳跃式的有氧运动。

✔ 结合每周2 ~ 3次力量训练。

此外,无论是体重过低还是超重肥胖的白领,都需建立良好的生活习惯,优化饮食结构,多摄入优质蛋白类、健康脂肪、复合碳水,减少高糖、高脂肪食物摄入;规律作息,保证足够的睡眠;保持心情愉悦。

静息心率测试

请佩戴智能手表,静躺10分钟,记录自己的静息心率。静息心率可以间接反映心脏功能。成年人正常静息心率为每分钟60 ～ 100次,大多数人的静息心率低于90次/分,高于90次/分可以认为是静息心率偏高,有患心脏病的风险,可通过以下方案调整静息心率水平。

请进行测试并记录自己的静息心率。

高静息心率人群推荐调整方案

✔ 有氧运动为主,每周3 ～ 5次,总时长至少150分钟的中等强度有氧运动,初期可以从小强度开始适应。

✔ 结合慢呼吸放松训练,瑜伽、太极拳等身心运动方式,降低交感神经兴奋性。

✔ 控制体重,减少超重给心脏带来的负荷。

✔ 减少咖啡因、浓茶、酒精等物质摄入,规律作息,避免熬夜。

肌肉力量测试

• 上肢力量 •

俯卧撑是测试上肢力量的有效方法。

① 斜板式准备,双手手掌撑地,双臂伸直,脚尖触地,双腿伸直,背部平直,腹部收紧;

② 屈臂至大小臂呈90°,保持腹部收紧,避免塌腰;

③ 伸直手臂回到斜板式;

④ 重复至最大次数并记录。

如果暂时无法做到标准俯卧撑,可采用膝盖跪地的半俯卧撑方法来测试上肢力量,其他步骤要求同俯卧撑。

· 腹部力量 ·

仰卧卷腹是测试腹部力量的有效方法。

① 屈膝仰卧,双脚踩地,双臂交叉放在胸前,双手放在对侧肩膀上;

② 收紧腹肌,头、肩膀、上背部离开地面;

③ 上背部、肩膀、头落回地面;

④ 重复至最大次数并记录。

· 背部力量 ·

俯卧挺身是测试背部力量的有效方法。

① 俯卧,双腿伸直,脚背触地;

② 双手十指交扣置于后脑勺,手肘尽量远离脸颊向上抬起;

③ 保持腹部、双腿贴地不变,背部发力向上抬起上半身;

④ 上半身落回;

⑤ 重复至最大次数并记录。

· 下肢力量 ·

深蹲是测试下肢力量的有效方法。

① 站立,双脚分开略比肩宽,背部挺拔,双臂互抱手肘置于胸前;

② 屈双膝,臀部向后、向下蹲坐,直到大腿与地面保持平行,注意膝盖与脚尖的方向始终保持一致,避免膝盖内扣;

③ 脚跟踩实,臀腿发力,站立起身;

④ 重复至最大次数并记录。

请进行测试并记录每个动作自己能做到的最大个数。

推荐调整方案

　　年龄增长、久坐导致的肌肉僵硬、力量不足是白领群体常见的问题。上述4个动作是为了让大家了解自己的初始肌肉状态,无论此次测试结果如何,白领们都需要进行规律的力量训练,该项练习可以起到改善体态、塑形、延缓衰老、提升精力等作用。

　　✔ 建议每周3 ～ 4次力量训练。

　　✔ 建议白领选择自重或者哑铃、弹力带等小器械力量练习,方便易行,适合居家和办公室场所,也可以让肌肉有一个逐渐适应的过程。有健身经验的白领可以按照以往强度开展训练。

　　✔ 优先选择复合动作,一个动作可以覆盖多个肌群,提高锻炼效率,如平板支撑。

　　✔ 选择动作适配性高的动作,加强薄弱肌群的训练,如久坐伏案工作会导致背、臀肌肉拉长,虚弱无力,应多加强化。

身体疼痛测试

本书采用主观自评量表来评估身体疼痛状况,疼痛感觉从0 ～ 10逐级递增。

0为无痛；1～3为轻度疼痛，可忍受，不影响正常生活；4～6为中度疼痛，需药物干预，会影响睡眠；7～9为重度疼痛，无法忍受，伴随呕吐等生理反应；10为最严重的疼痛，可导致休克。

请评估自己在日常生活工作中不同身体部位的疼痛程度并记录，可参考表2-2进行记录。

表2-2　不同身体部位的疼痛程度

身体部位	颈部	肩背	腰	下肢
疼痛程度				

推荐调整方案

出现轻度、中度疼痛的白领，如果休息活动后能够自行缓解，请参考我们的推荐方案，通过运动来改善疼痛问题；如果出现持续时间超过2周无好转的中度疼痛以及重度疼痛，请及时就医，症状缓解之后再开始锻炼。

✔端正姿势，避免跷二郎腿、头前引、圆肩驼背等不良姿势。

✔避免久坐，建议每40～60分钟起来活动3～5分钟。

✔每周3～4次柔韧性训练，拉伸松解紧张部位，如伴随长期伏案工作而来的前侧胸肌、髂腰肌紧张。

✔每周3～4次力量训练，尤其需要加强薄弱部位的训练，如久坐会导致臀大肌长期处于放松无力的状态。

情绪与睡眠测试

· 情绪 ·

本书采用主观自评量表来评估情绪状态，每个数字代表不同的情绪状态。

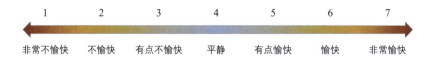

· 睡眠 ·

请睡前佩戴好智能手表,第二天早上查看并记录睡眠质量。如果没有手表,请自我评估,从1到7,睡眠质量越来越好。

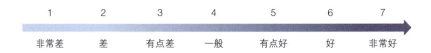

1	2	3	4	5	6	7
非常差	差	有点差	一般	有点好	好	非常好

请根据自己的真实感受,记录自己的情绪和睡眠情况。

> **推荐调整方案**
>
> · 情绪
> ✔ 呼吸放松训练,该项练习可以有效缓解情绪压力。及时关注情绪,在需要的时候及时开展该项练习。
> ✔ 户外运动,通过自然光刺激,提升情绪活跃度。
> ✔ 任何其他形式的运动,只要能够规律开展,都能适当改善情绪。
> · 睡眠
> ✔ 呼吸放松训练,睡前进行该项练习。入睡困难的时候,不要焦虑,专注呼吸放松。
> ✔ 简易拉伸放松训练,可搭配呼吸训练。
> ✔ 适量中等强度有氧运动,但睡前3小时避免剧烈运动。
> ✔ 规律作息,睡前减少手机、电脑等的使用,营造良好的睡眠环境。

通过以上测试相信白领们已经清晰了解自己的身心现状。接下来,第2周到第5周将介绍不同运动类型的微运动,包括有氧训练型微运动、力量训练型微运动、柔韧训练型微运动、呼吸训练型微运动。请根据自己的身心需求挑选适合自己的微运动模式,并以微运动来正式开启14周白领智慧运动之旅。

第2周　每天1个微运动

　　微运动指的是简便易行、仅需调动极少意志力就可以成功开展的微小运动行为[45]。例如，"每天跑步10米""每天1个俯卧撑""每天1个深蹲"等，这些运动目标非常小，小到几乎不可能失败。不妨试想一下，"每天跑步10米"的微运动计划是不是比"一次跑步10公里"的高挑战运动计划更容易开始？万事开头难，微运动能将开始简单化。

　　白领人群工作繁忙，时间宝贵。微运动充分利用白领人群通勤、办公、生活等场景，简单便捷，主要目的在于帮助大家轻松地动起来，实现运动的从0到1，为后期建立规律的运动习惯打好基础。每次微运动的成功实施都是对运动行为的一次正向激励，运动的自我效能感也会随之提高。长期坚持下去，健康良好的运动习惯将水到渠成！

微运动的选择依据

　　微运动选择依据有三点：
　　第一，最喜欢、最没有抵触情绪的运动；
　　第二，有限的时间和空间条件下，最方便开展的运动；
　　第三，调用最少的意志力就可以完成的运动。

选择并尝试每天1个微运动

　　本周开展的微运动是有氧训练型微运动，如每天1个开合跳、每天爬1层楼梯等。本周运动目标是见缝插针地增加白领日常身体活动量。通勤路上、工作间隙、买菜等各种工作生活场景当中都可以尝试。这类微运动可以为改善BMI，提高心脏功能，打下良好的前期基础。

　　请佩戴好智能手表，根据自己的喜好选择并开启您的第1个微运动，并留意每次微运动前后心率的变化。大体重的人群建议选择无跳跃的微运动。建议大家周一到周五，每天1次。当然，如果觉得没有负担，周末也可以继续尝试微运动。

· 每天快走1分钟 ·

　　① 快走指的是努力尽可能快地步行，需要比平常散步的速度快；
　　② 挺拔站姿准备，肩背舒展，腹部微收，从侧面看确保肩膀、臀部在一条直线上；

③步伐适中,走路时,先脚后跟着地,重心前移经过脚掌,再转至脚尖,脚趾发力推地向前走;

④大小臂约呈90°,手臂尽量贴靠躯干,随步伐前后摆动,避免左右摆动。

· 每天慢跑1分钟 ·

①慢跑时步频和步幅稳定适中,呼吸规律,让自己感觉舒适;

②注意躯干挺拔,肩背舒展,避免含胸驼背,核心稳定;

③大小臂约呈90°角,以肩为轴前后摆臂,左右摆臂幅度不可太大,尽量不要超过身体的中线;

④足、膝、髋朝向正前方,注意髋部的转动与放松,积极送髋,前摆大腿,但无须过分上抬;

⑤先脚后跟着地,重心前移经过脚掌,再转至脚尖,脚趾发力推地向前跑。

· 每天原地快速小步跑30秒 ·

① 躯干挺拔,肩背舒展,核心稳定;

② 屈髋,身体微前倾,脊柱延展,稳定腹部核心,避免塌腰翘臀;

③ 屈手肘,大小臂约呈90°;

④ 髋、膝、踝关节放松朝向正前方,大腿抬起与水平线约呈35°～45°;

⑤ 同时,另一条腿积极下压,足前掌扒地式着地,着地时膝关节伸直,足跟提起,踝关节有弹性;

⑥ 两臂贴靠躯干,前后自然摆动。

· 每天1个开合跳 ·

① 挺拔站姿,双腿并拢,双臂自然下垂,稳定核心,脊柱挺拔,肩背舒展;

② 双脚跳开约一个半肩宽,注意避免膝盖内扣;

③ 同时,双臂从身体两侧向上举过头顶,并在头顶上方击掌,手肘尽量伸直,注意避免头前引;

④ 双脚跳并拢,双手落回大腿两侧,回到挺拔站姿,注意避免含胸驼背。

· 每天爬1层楼梯 ·

① 屈髋,身体微前倾,脊柱延展,稳定腹部核心;

② 屈手肘,大小臂约呈90°;

③ 抬起一条腿,整个脚掌踩上一阶楼梯,重心转至该腿,脚掌均匀发力向下踩实台阶,稳定膝关节;

④ 抬起另一条腿,重复。

如果本周能够成功开始每天1个微运动,那么可以开始第3周的运动计划。如果本周的微运动计划没能成功,不要气馁,万事开头难,请在下周继续尝试每天1个微运动。

第3周 每天2个微运动

恭喜成功完成"每天1个微运动"，顺利进入到本周"每天2个微运动"计划。本周的运动计划是"每天2个微运动"，在保持每天1个有氧型微运动的前提下，再加入1个力量型微运动。本周运动目标有2个，一是增加日常身体活动量，二是通过微运动来打断久坐状态。

久坐是导致白领身心健康问题的重要原因之一。虽然，许多白领已经认识到久坐的危害，但还是会因为工作任务重、时间紧等原因，不得不久坐，有时一坐就是两三个小时，甚至更久。打断久坐其实并没有大家想象中的难，不需要花很多的时间，也不会耽误工作。首先需要让自己有这个念头，有意识地提醒自己不要久坐；其次，在工作间隙及时开展微运动。

继续进行上周的微运动

请继续保持每天1个有氧微运动。以下2点建议可以帮助您同时开展2项微运动：

第一，请根据上周开展微运动的时间地点规律，采用设置闹钟、显眼便利贴等方法来提醒自己实施该项微运动。

第二，在时间和空间方便的前提下，每天尽可能早地将此项微运动完成。例如，早上通勤路上或者上午工作间隙，但如果这一点让您有负担，请按照自己的时间习惯开展该项微运动。

减少久坐小妙招——设置闹钟

当我们全身心投入工作的时候，很难分神提醒自己起来动一动，设置闹钟就是一个很好的方法。既能够让我们更加高效地工作，又能提醒我们减少久坐。

✔ 开始工作的时候，设定1小时倒计时闹钟，当然，倒计时的时间可以根据自己的工作安排弹性设置。

✔ 闹钟响，时间到，选择并开展自己喜欢且身体需要的微运动。

选择并开展第2个微运动

本周开展的第2个微运动是力量训练型微运动，如每天1个俯卧撑等。这些微运动充分考虑到办公室的工作场景进行动作设计。请根据自己的需求选择第2个微运动。每周不少于5天,注意留意每次微运动前后心率的变化。请仍然选择最喜欢、最没有压力、最方便开展的微运动。

• 每天1个靠墙俯卧撑 •

该动作的主要功效是增加上肢、胸部力量。

① 双手放在墙上,双手距离略比肩宽;

② 双脚往后撤步,直至身体斜向成一条直线,腹部收紧;同时,微微上抬脚后跟,脚趾尖踩地;

③ 屈肘,大小臂约呈90°;

④ 伸直手臂。

如果场地合适,也可以每天1个标准的地面俯卧撑。

• 每天1个办公桌反向平板撑 •

该动作的主要功效是增加背部、上肢力量。

① 在保证办公桌稳定不动的前提下开展这项训练;

② 背朝向办公桌的方向,双手撑在办公桌上,双手距离略比肩宽;

③ 双腿并拢伸直,脚后跟着地,脚掌回勾;

④ 胸骨上提,锁骨外展,上提耻骨,腹部收紧;

⑤ 静态保持10秒。

• 每天1个站立对侧肘碰膝 •

该动作的主要功效是增加腹部力量。

① 挺拔站姿,肩背舒展,腹部微收,双脚分开与髋同宽;

② 手臂上举过头顶;

③ 屈右膝,往左上方上抬右腿,同时,屈手肘下拉双臂,左手肘与右膝盖彼此靠近,扭头看向右侧;

④ 落右腿,双手臂伸直上举过头顶;

⑤ 对侧重复此动作。

• 每天1个办公椅坐站 •

该动作的主要功效是增加臀部、大腿力量。

① 站在办公椅前约1个脚掌的距离；

② 挺拔站姿，肩背舒展，腹部微收，双脚分开与髋同宽；

③ 双手扶髋，屈双膝，臀部尽可能多地向后、向下坐，直到臀部轻触办公椅，注意始终保持腹部收紧，背部挺拔；

④ 脚后跟发力下踩，伸直双腿，站立起身。

• 每天1个提踵 •

该动作的主要功效是增加小腿力量。

① 挺拔站姿,肩背舒展,腹部微收,双脚分开与髋同宽;

② 双手臂伸直上举过头顶,十指交扣,翻转掌心朝向天花板;

③ 尽可能多地上提脚后跟;

④ 脚后跟落回地面。

如果本周没能按计划完成每天2个微运动,请不要着急,在下一周可以继续尝试每天2个微运动。如果能够顺利完成本周的微运动计划,接下来请开启每天3个微运动的运动计划。周末好好休息,当然,如果想要继续运动,也是一个很不错的选择,随心尽兴,拥抱生活。

第4周　每天3个微运动

　　恭喜成功完成了上周"每天2个微运动",顺利进入到本周"每天3个微运动"计划。本周将为大家分享一些简便的柔韧训练型微运动,根据自己的身体需求,在工作生活间隙一起动起来吧!

继续进行第3周的2个微运动

　　请继续进行第3周的有氧和力量训练型微运动,按照自己的时间习惯开展这2项微运动,每周至少5次。

选择并开展第3个微运动

　　根据自身的需求和喜好选择本周的第3个微运动。例如,颈部紧张的可以选择颈部伸展训练,肩部僵硬的可以选择肩部伸展训练。选择微运动的依据仍然是最喜欢、最没有压力、最方便这三点。周一到周五每天1次,周末好好休息。

• 每天1个颈部伸展训练 •

　　① 挺拔站姿,肩背舒展,腹部微收,双脚稍分开;

　　② 左手放在头部右侧,轻轻发力,缓慢地将头部压向左肩膀的方向,同时头主动发力和手做对抗,拉伸颈部右侧肌肉,保持10秒;

　　③ 右手放在头部左侧,轻轻发力,缓慢地将头部压向右肩膀的方向,同时头主动发力和手做对抗,拉伸颈部左侧肌肉,保持10秒;

④ 双手放在头后侧,轻轻发力下压,低头,同时头主动发力和手做对抗,拉伸颈部后侧,保持10秒;

⑤ 抬头,双手放在头后侧轻轻向上承托,拉伸颈部前侧,保持10秒;

⑥ 扭头看向左侧,保持10秒;

⑦ 扭头看向右侧,保持10秒。

· 每天1个肩部伸展训练 ·

① 挺拔站姿,肩背舒展,腹部微收,双脚分开与髋同宽;

② 双手臂伸直,向上举过头顶;

③ 手肘互抱,尽量向上拔高小臂,伸展肩部;

④ 保持30秒。

• 每天1个腹部伸展训练 •

① 挺拔站姿,肩背舒展,腹部微收,双脚分开与髋同宽;

② 双手伸直向上举过头顶,掌心朝前;

③ 手臂带动躯干向后上方伸展,后展幅度无需很大,腹部有轻微拉伸感即可;

④ 保持30秒。

• 每天1个背部伸展训练 •

① 臀部坐在椅子上,大小腿呈90°,双脚分开与髋同宽;

② 身体前倾,腹部贴向大腿面,双手环抱大腿,手肘互抱;

③ 臀部压实椅子,脊柱向前延展,拉伸整个背部;

④ 保持30秒。

· 每天1个臀部伸展训练 ·

① 臀部坐在椅子上,大小腿呈90°,双脚分开与髋同宽;

② 屈右膝上抬右腿,将右脚踝放在左大腿偏靠膝盖的一端;

③ 双手放在办公桌上保持平衡;

④ 臀部微微抬离椅子,保持30秒;

⑤ 换另一条腿,保持30秒。

• 每天1个腿部伸展训练 •

① 臀部坐在椅子上，双脚分开与髋同宽；

② 双手扶髋，伸直左腿，脚后跟放在地面上，脚掌回勾；

③ 身体前倾，腹部靠近大腿，保持30秒；

④ 换另一条腿，保持30秒。

微运动的超额效应

    请回想一下，在每次进行微运动的时候，有没有超额完成原计划的运动目标？假如每天慢跑1分钟，当跑了1分钟之后，是不是会在不知不觉中多跑一会儿？并且觉得毫无压力，甚至成就感十足；在办公间隙做了一个1个站立对侧肘碰膝，是不是会在不知不觉中会多做几个？这就是微运动的超额效应，每当我们成功开展一个微运动，大概率都会超额完成原定的微运动计划，获得额外的运动效益。就像我们闲暇时间吃薯片或者嗑瓜子，一旦开始就停不下来，运动也是如此，一旦开始，就没那么难了，甚至会像嗑瓜子一样，停不下来。随着微运动的实施，白领们极有可能从毫无压力的慢跑1分钟，渐进到轻松慢跑半小时。

第5周　每天4个微运动

恭喜成功完成前3周的微运动计划，成功开启了运动健康生活！本周我们将尝试完成"每天4个微运动"。

白领人群长期被裹挟在高压的工作环境当中，情绪和睡眠往往也会受到影响，可能会出现紧张、焦虑、入睡困难或者多梦等情况。例如，如果白天大脑一直在高速运转，不停地接收处理工作信息，到了晚上该睡觉的时候，大脑很有可能仍然停不下来，虽然很困，但仍然无法入睡。因此，本周将给大家分享一个可以放松下来的呼吸训练型微运动，帮助调节情绪、改善睡眠。请大家一起动起来吧！

继续进行前3个微运动

请根据实际情况，选择合适的时间继续开展有氧、力量、柔韧3种类型的微运动。尽可能多地增加日常身体活动，打断久坐状态。

尝试并实施第4个微运动

• 每天1个慢呼吸放松训练 •

慢呼吸指的是在自然呼吸的基础上，尽最大的努力去放慢吸气呼气的速度。整个过程鼻吸鼻呼，避免口呼吸。

① 端正坐姿或者平躺；
② 缓慢均匀地吸气，一直到气体无法再进入鼻腔；
③ 之后再缓慢均匀地呼气，重复1分钟。

在这个练习当中，需要将注意力集中在呼吸上，觉察吸气和呼气的长度，去感受慢呼吸时身体的变化，去感受慢呼吸给自己带来的放松。

该项微运动请大家同样周一到周五，每天1次。请您按照自己的需求，选择合适的时间开展该项微运动。例如，白天工作期间出现情绪波动，觉得烦闷、焦躁的时候，可以尝试选择坐在椅子上完成该项训练；睡眠不好的，可以睡觉前躺在床上尝试1次慢呼吸。如果有圆肩驼背、头前引等体态问题的白领朋友们，建议平躺着进行该项训练效果更佳。

呼吸训练，值得被大家重视！

呼吸是我们一出生就会的基本身体功能，一个人每天大概要呼吸28 800次。那么，请回想一下，日常生活中您关注过自己的呼吸吗？我相信很多人的答案是"没有"。呼吸非常自然，自然到我们每个人不会去特别关注它。然而，呼吸却与我们的生理、情绪以及睡眠密切相关。

呼吸可分为自主呼吸和随意呼吸，呼吸训练属于后者，是一种有意识的调控呼吸长度、频率等的训练，受到大脑皮层、下丘脑、边缘系统、脊髓的共同调控。大脑皮层前额叶与情绪控制功能密切相关，而下丘脑和边缘系统都是重要的情绪中枢，下丘脑还是调节内分泌活动的高级中枢，脊髓则是呼吸反射的初级中枢，是脑和呼吸肌的联系枢纽。呼吸、睡眠、情绪三者有着非常紧密的关系。例如，情绪会改变呼吸模式，呼吸模式也会对情绪产生影响。人们在愤怒时呼吸会变得急促，愉悦放松时会呼吸绵长，轻松时睡眠较好，焦虑时难以入睡。反之，如果有意识地进行慢呼吸训练，有可能也会使人们体验到平静放松和愉悦，起到改善睡眠的作用。

呼吸训练也是一种运动训练。呼吸与人体骨骼肌肉系统密切相关，胸廓、脊柱、骨盆为呼吸提供框架支撑，呼吸运动可以引起这些骨骼的活动。许多肌肉也参与呼吸运动，其中最主要的吸气肌是膈肌，呈伞状，在躯干内跨越的区域较大，是胸腔的底部，也是腹腔的顶部。辅助吸气肌包括附着在上肢带骨周围的胸大肌、胸小肌、前锯肌；附着在肋提肌、上后锯肌；附着在头颈部的斜角肌、胸锁乳突肌。呼气肌包括腹横肌、腹内外斜肌、腹直肌。腹腔下方的盆底肌也是呼吸运动非常重要的肌肉，是呼吸的基础肌肉组织。许多白领长期久坐容易出现圆肩驼背，头前引等姿态问题，久而久之，会干扰上述呼吸肌群的功能协调性，降低呼吸效率，而这些问题往往是被大家所忽略的，需要引起重视。呼吸训练可以有效促进上述呼吸肌的功能恢复，改善呼吸功能。此外，呼吸肌也是重要的躯干稳定肌群，呼吸训练还可以帮助提高躯干控制能力，帮助优化其他运动项目的训练效果。

热身活动与整理活动

微运动系列介绍了许多高效便捷的运动小妙招，帮助白领增加日常身体活动，减少久坐。接下来，将逐渐增加运动强度和运动总量，循序渐进地开展适量运动。随着运动量的增大，从第6周开始，一直到第13周，请注意运动前后及时进行热身和整理活动，以便更好地启动和恢复身体机能，优化运动效果，避免运动损伤。

运动前的热身活动

白领运动之前进行热身活动可以帮助提高体温，促进血液循环，激活身体各项机能，为运动提供更好的能量供给；还可以增加关节灵活性，提升肌肉弹性和伸展性，降低运动损伤的风险。热身活动的目的在于让身体预热，一般包括三个方面：关节灵活、肌肉预热、心肺准备，约耗时10分钟。

• 颈部伸展 •

① 颈部向前后左右四个方向做屈曲，每个方向静态保持10秒，动作示意图详见第4周"每天1个颈部伸展训练"；

② 颈部向左向右做回旋，各保持10秒。

• 肩部环绕 •

① 挺拔站姿，目视前方；

② 弯曲手肘，把双手分别放在同侧肩膀上；

③ 以肩膀为中心,手肘向前、向上、向后、向下环绕,重复5 ~ 8次;
④ 之后,反向环绕,重复5 ~ 8次。

• 髋关节环绕 •

① 挺拔站姿,双手叉腰,单腿屈膝90°抬起;
② 以髋部为中心缓慢环绕,顺时针、逆时针各重复5 ~ 8次。

• 动态幻椅 •

① 挺拔站姿,双手自然垂放在臀部两侧,双脚分开与髋同宽;
② 屈髋,臀部向后、向下蹲坐,同时收紧腹部核心;

③ 双手向上举过头顶,大臂尽量抬到耳朵的两侧;

④ 重复5 ～ 8次。

该动作可以联动肩髋膝踝关节,同时有效激活背部、腹部、臀腿力量。

• 动态高弓步 •

① 挺拔站姿,双手自然垂放在臀部两侧,双脚分开与髋同宽,目视前方;

② 左脚向后撤一大步,左腿伸直,脚尖踩地;

③ 右腿屈膝,膝盖朝前,避免内扣;

④ 吸气,双手上举过头顶;呼气,双手落到前脚两侧地面,手部动作重复5 ～ 8次;

⑤ 换腿,手部动作重复5 ～ 8次。

· 左右侧深蹲 ·

① 挺拔站姿,目视前方,双脚距离两倍肩宽,脚尖朝前或略微外展;

② 重心转移至右腿,同时,屈髋、屈膝往右后方蹲坐;

③ 右腿伸直,换左侧蹲;

④ 重复5 ～ 8次。

· 原地小步跑 ·

① 躯干挺拔,肩背舒展,核心稳定;

② 屈髋,身体微前倾,脊柱延展,稳定腹部核心,避免塌腰翘臀;

③ 屈手肘,大小臂约呈90°;

④ 髋、膝、踝关节放松,朝向正前方,大腿抬起与水平线约呈35 ～ 45°;

⑤ 同时,另一条腿积极下压,足前掌扒地式着地,着地时膝关节伸直,足跟提起,踝关节有弹性;

⑥ 两臂贴靠躯干,前后自然摆动;

⑦ 20秒为1组,做3组,速度逐渐加快。

该动作为心肺准备动作,除原地小步跑外,开合跳、高抬腿等也是有效的,可以根据自己的喜好自由选择。

运动后的整理活动

白领运动后进行整理活动可以促进身体机能恢复至平衡状态,缓解肌肉紧张与疲劳,避免运动损伤。运动后心脏血液循环系统处于高度兴奋的状态,整理活动可以逐渐降低心率,促进身体各部分血液循环,避免血液滞留在内脏和下肢静脉中,降低大脑、心脏缺血的风险。此外,还可以促进呼吸系统功能恢复,平稳呼吸,增强肺部气体交换效率,增加有氧代谢效率,加快运动产生的乳酸等代谢废物排出,减少肌肉疲劳,有助于维持关节、肌肉的功能。

运动后请避免直接静止休息,建议参考以下动作序列进行整理放松活动。该动作序列包含小强度有氧、静态拉伸,约耗时15分钟。其中,静态拉伸属于柔韧性训练,可根据自身的身体状况,停留在一个肌肉有伸展感、轻微不适但不疼痛的位置,保持15 ~ 60秒/次。初级水平每个动作停留20秒左右,重复1 ~ 3次;中级水平每个动作停留30秒左右,重复3 ~ 4次;高级水平每个动作停留40秒左右,重复4 ~ 5次。

• 原地超慢跑 •

① 挺拔站姿,耳、肩、髋上下一线,核心收紧,膝关节微屈;

② 左右脚交替抬起、落地;

③ 弯曲手肘90°,手肘靠近身体,手臂随脚步前后自然摆动;

④ 步频约140 ~ 160步/分,原地超慢跑1 ~ 3分钟。

除原地超慢跑外,根据自身的体力和喜好,快走等小于之前运动强度的运动也都是有效的。

• 手臂拉伸 •

① 挺拔站姿,将右臂横在胸前;

② 弯曲左臂,左手肘勾住右臂,将右臂拉向躯干的方向;

③ 保持15 ~ 60秒;

④ 换另一侧,保持15 ~ 60秒。

· 肩部拉伸 ·

① 挺拔站姿；

② 右手臂向上伸展，弯曲手肘，将手掌放于背部，掌心朝向背部；

③ 左手臂向后伸展并弯曲手肘，将手掌放于背部，掌心朝外；

④ 尝试将两手掌扣在一起，维持15 ～ 60秒；

⑤ 换侧之后同样维持15 ～ 60秒。

如果手掌扣不到一起，可以尝试双手抓毛巾或者伸展带。

· 胸部拉伸 ·

① 挺拔站姿，双脚分开与髋同宽；

② 双手背后十指交扣，尽可能多地向上抬起双臂，保持15 ～ 60秒；

③ 全程身体需要完全直立，避免前倾。

· 侧向拉伸 ·

① 挺拔站姿,双脚并拢,双手放在臀部两侧;

② 右臂向上举过头顶,掌心朝内;

③ 身体向左侧做侧屈,保持15 ～ 60秒;

④ 换另一侧,保持15 ～ 60秒。

· 背部拉伸 ·

① 寻找一个不低于腰部的固定点;

② 挺拔站姿,双手臂伸直举过头顶;

③ 屈髋,双手臂慢慢往前伸,直至双手抓握住固定点,躯干主动用力向后牵拉,保持15 ～ 60秒。

如果腰部不适或者腿部后侧张力太大，可以略微弯曲双膝。

· 臀部拉伸 ·

① 站姿准备；

② 屈右膝，抬起右腿，将右脚踝外侧放在左大腿上方靠近膝盖的位置；

③ 屈髋向后、向下坐，直到臀部有拉伸的感觉；

④ 保持15～60秒；

⑤ 换腿重复动作，保持15～60秒。

平衡性不是特别好的白领们，可以选择扶着墙或者其他稳定物。

· 大腿前侧拉伸 ·

① 挺拔站姿，腰腹收紧；

② 重心转移至左腿，可以选择扶墙或者其他稳定物帮助保持平衡；

③ 屈右膝向后抬起脚；

④ 右手轻握脚踝，将脚踝拉向臀部，直至脚后跟轻触臀部，保持15～60秒；

⑤ 换腿重复动作，保持15～60秒。

· 大腿后侧拉伸 ·

① 挺拔站姿，双脚分开与髋同宽；

② 右脚后撤一小步，重心转移至右腿，双手上下交叠放在右大腿上；

③ 屈髋、屈右膝，向后推送臀部；

④ 俯身向下，同时翘起左脚掌，保持15～60秒；

⑤ 换腿重复动作，保持15～60秒。

• 大腿内侧拉伸 •

① 挺拔站姿,双脚分开两个半肩膀宽,双手叉腰;

② 弯曲右膝,重心转移至右腿;

③ 保持背部挺直,目视前方,感受左大腿内侧的伸展,保持15 ～ 60秒;

④ 换腿重复动作,保持15 ～ 60秒。

• 小腿拉伸 •

① 挺拔站姿,双手扶髋;

② 左脚后撤一大步,脚掌朝外打开约呈45°,左脚后跟踩地;

③ 右膝微屈,保持15 ～ 60秒;

④ 换腿重复动作,保持15 ～ 60秒。

　　热身和整理动作序列中包含全身各个部位的伸展，可以有效提升身体的柔韧性，达到缓解白领由于伏案久坐等原因造成的肌肉僵硬与紧张的作用。因此，之后每周的运动计划当中将不再对柔韧性展开额外的训练。

第6周 适量运动入门

本周是适量运动入门周,运动计划是胸式呼吸训练,一周3次;力量训练入门,一周1次;有氧训练入门,一周1次(表2-3)。其中,胸式呼吸训练可以单独进行,也可以和有氧、力量结合在一起。建议大家从周一开始运动,用运动来助力开启精神满满的一周。当然,在之后几周的训练中,大家完全可以根据实际情况,自由安排适合自己的运动训练时间,注意避免运动疲劳的积累即可。随着运动总量的增大,接下来所有的运动训练都需要在饭后至少2小时才可开展,包括胸式呼吸训练。

表2-3 第6周训练计划

周一	周二	周三	周四	周五	周六	周日
胸式呼吸训练		力量训练入门 + 胸式呼吸训练		有氧训练入门 + 胸式呼吸训练		

呼吸运动如何与其他运动项目相结合?

一般来讲,屏息类的呼吸训练可以作为热身活动帮助预热身体,增加运动前体内二氧化碳浓度,帮助提高运动表现。放慢呼吸频率的呼吸训练适合在每次运动结束整理活动之后进行,可以帮助平复呼吸,降低运动带来的交感神经兴奋,放松心情,帮助达到更好的恢复效果。

胸式呼吸训练

本周将进行胸式呼吸训练,约5分钟。胸式呼吸主要表现为呼吸时胸廓的形态变化,吸气时肋骨上提外扩,使得胸廓前后、左右径增大;呼气时,放松,胸廓回到正常形态。该种呼吸模式比较浅短,简单易操作,整个过程鼻吸鼻呼。

① 臀部前二分之一坐在椅子上,双脚分开与髋同宽,脊柱挺拔,肩背下沉;

② 双手放在两侧肋骨上,靠近腋窝的位置。吸气,感受肋骨左右扩展靠近双手,呼气,感受肋骨回收远离双手,重复呼吸,计时器倒计时1分钟;

③ 双手向下移动,放在两侧肋骨最下端的位置。吸气,感受肋骨左右扩展靠近双手,呼气,感受肋骨回收远离双手,重复呼吸,计时器倒计时1分钟;

④ 双手放在后侧肋骨上,吸气,感受肋骨向后扩展靠近双手,呼气,感受肋骨远离双手,重复呼吸,计时器倒计时1分钟(坐姿训练即可,示意图站姿展示方便观看);

⑤ 双手上下交叠放在胸骨柄上,吸气,感受胸骨上提靠近双手,呼气,感受胸骨远离双手,重复呼吸,计时器倒计时1分钟;

⑥ 熟悉胸式呼吸时胸廓形态的变化之后,可以将手放在大腿上方,直接进行3 ～ 5分钟胸式呼吸即可。

力量训练入门+胸式呼吸训练

第1步 热身活动10分钟

第2步 力量训练

· 四足支撑 ·

该动作可以有效提升上肢、腹部力量。

① 跪坐在瑜伽垫上，双手放在膝盖前侧垫子上；

② 双手前移，直至双臂与地面垂直，双手在肩膀正下方；

③ 双膝分开与髋同宽，膝盖在臀部正下方；

④ 脚趾尖踩地，膝盖微微离开垫子与脚后跟同高，保持30秒；

⑤ 重复3组，组间间歇30秒。

· 深蹲 ·

该动作可以有效提升下肢力量。

① 双脚分开略比肩宽，双手放在后脑勺上方；

② 保持背部挺拔，手肘打开，屈髋，臀部尽可能多地向后、向下蹲；

③ 8 ～ 10个为1组，做3组，组间间歇30秒。

第3步 整理活动15分钟

第4步 胸式呼吸训练5分钟

有氧训练入门＋胸式呼吸训练

① 热身活动10分钟；

② 超慢跑10分钟,每分钟140 ～ 160步/分,中间不能停;

③ 整理活动15分钟;

④ 胸式呼吸训练5分钟,之后,观察自己心率恢复情况,如果心率未恢复至静息心率,说明当前运动强度超出了身体可承受的强度范围,下周可以改为快走。

继续增加日常身体活动,减少久坐

在接下来每周的日常生活当中,请继续保持微运动习惯,来增加日常身体活动和打断久坐。即便按照本周的计划进行了有氧、力量等训练,您也仍然有可能是久坐一族。例如,白天几乎都在坐着工作,只有早上上班前或者晚上下班后运动半个小时或者1个小时,这仍然属于久坐行为,不利于身心健康。因此,鼓励所有久坐的白领参照微运动计划,至少每个小时站立起来活动3 ～ 5分钟。

第7周　小强度适量运动

恭喜成功完成上周的适量运动入门计划,本周将在运动强度和运动时间上稍作进阶。本周运动计划为腹式呼吸训练,一周3次;力量训练,一周1次;小强度有氧训练,一周1次(表2-4)。

表2-4　第7周训练计划

周一	周二	周三	周四	周五	周六	周日
腹式呼吸训练		力量训练 + 腹式呼吸训练		小强度有氧训练 + 腹式呼吸训练		

腹式呼吸训练

本周将进行腹式呼吸训练,约5分钟。腹式呼吸主要表现为腹腔形态的变化,吸气时控制胸腔前后、左右径增大的幅度,尽量让胸廓的上、下径增大。由于胸腹腔上下相连,腹腔受到胸腔上下径增大的压迫,就会横向扩张;呼气时,收缩腹部,放松胸腔,把气体排出体外。腹式呼吸在视觉上会形成吸气腹部隆起,呼气腹部回收的效果。腹式呼吸又称为横膈膜呼吸,横膈膜是身体中最主要的呼吸肌,横膈膜形状如伞,横膈在胸腔和腹腔中间,是胸腔的底端,也是腹腔的顶端。吸气时,如果能够充分地调动横膈膜下降,将腹内脏器下压,这种腹式呼吸就会比较深长,长期练习会有改善心肺功能,扩大肺活量;改善脾胃功能;促进神经系统的高效运转。刚开始,无法找到腹式呼吸的感觉没有关系,日常生活当中,我们大多是浅短的胸式呼吸,一下子转换不过来很正常,随着练习的深入,您会越来越熟练。

① 臀部前二分之一坐在椅子上,双脚并拢,脊柱挺拔,肩背下沉;

② 双手放在两侧肋骨上,吸气的时候,双手轻轻施加压力,控制肋骨左右横向扩展的幅度,感受横膈膜下沉,胸腔上下径增大。呼气时,自然放松,感受横膈上提,胸腔回到原位,重复呼吸,计时器倒计时1分钟;

③ 一手放在腹部前侧,一手在后放在腹部后侧,控制胸腔横向扩展的幅度,感受腹部前后的扩展,重复呼吸,计时器倒计时1分钟;

④ 双手放在腹部两侧,控制胸腔横向扩展的幅度,感受腹部左右的扩展,重复呼吸,计时器倒计时1分钟;

⑤ 双手放在大腿上方,继续腹式呼吸1～2分钟;

⑥ 熟练之后，可以直接将双手放在大腿上方，进行3 ~ 5分钟腹式呼吸即可。

力量训练 + 腹式呼吸训练

第1步 热身活动10分钟

第2步 力量训练

• 平板支撑 •

该动作可以有效提升上肢、腹部力量。

① 肘关节弯曲，前臂放在垫子上，手肘在肩膀正下方；

② 双脚分开与髋同宽并垂直于地面，脚趾踩地；

③ 眼睛看向地板，肩膀远离耳朵，避免耸肩；

④躯干伸直,收腹,避免塌腰;

⑤保持30秒,重复3组,组间间歇30秒。

• 幻椅 •

该动作可以有效提升下肢、背部力量。

①挺拔站姿,双脚并拢,手臂自然下垂放于臀部两侧;

②双臂向上举过头顶,双手掌心相对,大臂尽量贴靠耳朵;

③屈髋,臀部向后、向下坐,想象坐在一张椅子上;

④腹部核心收紧,背部挺拔,目视前方;

⑤保持30秒,重复3组,组间间歇30秒。

第3步　整理活动15分钟

第4步　腹式呼吸训练5分钟

小强度有氧训练+腹式呼吸训练

①热身活动10分钟;

②慢跑20分钟,其间时刻关注自己的心率,保证心率在小强度的运动强度范围之间,即(57% ～ 63%最大心率)。当然,如果您按照这个强度跑起来,觉得没有负担,稍微快一些也可以;

③ 整理活动15分钟；

④ 腹式呼吸训练5分钟。

如果您不喜欢跑步，在今后的运动训练当中，您也可以选择其他有氧运动来代替跑步，但该项运动必须全身大肌肉群均有参与，可维持较长时间，例如，骑自行车、游泳、健身操、跳舞等。运动过程中，您同样需要控制好心率范围和运动时间。

第8周 中等强度适量运动

恭喜成功完成了上周的小强度适量运动计划,本周将继续进阶,但如果上周的运动量对您来说已经足够,可以选择重复上周的运动,适应小强度运动之后再进阶到中等强度运动。不管是哪种方案,请大家一起动起来,感受运动给自己身心带来的轻松与释放!

本周运动计划为静态屏息训练,一周3次;力量训练,一周1次;中等强度有氧训练,一周1次(表2-5)。

表2-5 第8周训练计划

周一	周二	周三	周四	周五	周六	周日
静态屏息训练		静态屏息训练 + 力量训练		静态屏息训练 + 中等强度有氧训练		

静态屏息训练

本周将进行静态屏息训练,属于初级的呼吸功能恢复训练,约5分钟。屏息可分为两种:一种是吸气后的屏息,此时声门紧闭,所有吸气肌都处在收缩状态;一种是呼气后的屏息,此时所有呼气肌处在收缩状态。我们的屏息训练主要针对的是呼气后的屏息练习。呼气后屏息的时间代表着身体对二氧化碳的耐受度,时间越长,耐受度越高,日常生活中表现为呼吸平稳,运动时呼吸也会比较轻松,反之,容易出现呼吸困难等情况。自己可以在训练前做一个简短的测试,了解自己的二氧化碳耐受度。

① 端正坐姿,腹式呼吸1分钟左右,让身体平静下来;

② 呼气;

③ 屏息2～5秒;

④ 自然呼吸10秒左右,直到正常呼吸;

⑤ 重复第②～④步,3～5分钟。

静态屏息训练+力量训练

第1步　静态屏息训练5分钟

第2步　热身活动10分钟

第3步　力量训练

• 平板斜板交替 •

该动作可以有效提升上肢、腹背力量。

① 斜板撑准备,双手掌撑地,双臂伸直,脚尖着地,双腿伸直,背部平直,腹部收紧;

② 左右手肘依次弯曲,小臂着地,来到平板撑;

③ 尝试交替1分钟,做3组,组间间歇30秒。

• 跪姿臀部训练 •

该动作可以有效提升下肢力量。

① 跪坐在瑜伽垫上,双手放在膝盖前侧垫子上;

② 双手前移，直至双臂与地面垂直，双手在肩膀正下方；

③ 双膝分开与髋同宽，膝盖在臀部正下方；

④ 保持左侧大小腿呈90°，向后向上、向左向上抬高，各10次；

⑤ 换腿各做10次，做3组，组间间歇30秒。

第4步 整理活动15分钟

静态屏息训练＋中等强度有氧训练

① 静态屏息训练5分钟；

② 热身10分钟；

③ 慢跑30分钟，中间尽量不要停，这一要求非常具有挑战性；慢跑期间，时刻关注自己的心率，保证心率在中等强度运动强度范围之间，即（64%～76%最大心率）；

④ 整理活动15分钟。

第9周 较大强度适量运动

恭喜成功完成了上周的中等强度适量运动计划。本周将继续进阶,尝试挑战较大强度运动训练!本周运动计划为步行屏息训练,一周3次;力量训练,一周1次;2次×4分钟较大强度有氧训练,一周1次(表2-6)。

表2-6 第9周训练计划

周一	周二	周三	周四	周五	周六	周日
步行屏息训练		步行屏息训练 + 力量训练		步行屏息训练 + 2次×4分钟较大 强度有氧训练		

步行屏息训练

本周将进行步行屏息训练,该项呼吸训练之后,您会感觉到鼻腔更加通畅,呼吸时气体进出更加顺利,进一步加强呼吸控制的能力。

① 正常散步,步伐适中,腹式呼吸,鼻吸鼻呼,1分钟左右;

② 气体呼干净;

③ 屏息;

④ 在屏息的状态下,继续走路,同时,默数走路的步数,直到产生中等强度的吸气渴求;

⑤ 吸气,并尽快恢复自然呼吸状态,其间,保持持续走路状态;

⑥ 重复3次,共耗时6分钟左右。

步行屏息训练+力量训练

第1步 热身10分钟

第2步 步行屏息训练6分钟

第3步 力量训练

• 侧板支撑 •

该动作可以有效提升上肢力量、核心力量。

① 斜板式准备,转身体朝向左边,右手撑地,向上伸直左臂;

② 左右脚并拢,右脚外侧放在地板上;

③ 保持身体呈一条斜线；

④ 保持30秒，之后，换另一侧支撑30秒；

⑤ 左右各1次为1组，做3组，组间间歇30秒。

• 百次拍击 •

该动作可以有效提升腹部力量。

① 仰卧，两手放在臀部两侧，掌心朝下；

② 屈膝、屈髋，均呈90°；

③ 头、肩、上背部、双臂抬离垫子；

④ 吸气，手臂快速上下拍击5次，呼气，再次拍击5次；

⑤ 重复10组，共拍击100次，组间间歇10～30秒。

• 俯地挺身 •

该动作可以有效提升背部力量。

① 俯卧位准备，耻骨下压，稳定腹部核心；

② 手臂上举过头顶，手臂与躯干呈"Y"形，手臂、上半身离开垫子；

③ 屈臂下拉手臂，大臂靠近躯干，手臂呈"W"形，保持上半身始终抬离垫子；

④ "Y"形和"W"形重复10次，做3组，组间间歇10～30秒。

· 箭步蹲 ·

该动作可以有效提升下肢力量。

① 挺拔站姿,腰腹收紧,双手扶髋;

② 右腿向前迈一大步;

③ 屈双膝,直至右腿的大小腿呈90°,右腿膝盖与脚尖一个方向,膝盖不超过脚趾尖;

④ 左腿膝盖靠近地板;

⑤ 身体重心置于两腿之间,维持30秒;

⑥ 撤右腿回到站姿,换左腿重复动作;

⑦ 左右各1次为1组,做3组,组间间歇30秒。

第4步 整理活动15分钟

步行屏息训练 +2次 × 4分钟较大强度有氧训练

① 热身10分钟;

② 步行屏息训练6分钟;

③ 跑步4分钟,直至心率达到较大强度运动心率,即77% ~ 85%最大心率;

④ 轻松散步3分钟;

⑤ 再次跑步4分钟,直至心率达到较大强度运动心率;

⑥ 整理活动15分钟。

第10周 乐享运动计划第1期

在之前9周的运动生活中,大家不断地刷新着自己的运动能力,请仔细感受一下,经过这段时间的运动,身体有没有变得更加轻盈？心情有没有变得更加放松？相信答案是肯定的。规律性运动可以帮助您收获一个更加自由健康的身心。接下来将做更多丰富且有趣的运动尝试,进入白领智慧运动的乐享运动计划系列。

本周运动计划为适宜强度复合运动训练,一周2次；时尚群体运动,一周1次(表2-7)。之后每周的运动计划当中,周一、周三、周六或者周一、周三、周五进行运动都只是一个建议,大家可以参考这个时间间隔自由选择适合自己的运动训练时间。

表2-7 第10周训练计划

周一	周二	周三	周四	周五	周六	周日
适宜强度复合运动训练		适宜强度复合运动训练			时尚群体运动	

适宜强度复合运动训练

第1步 热身10分钟

第2步 快走屏息训练6分钟

① 快走1分钟,尽量保持腹式呼吸；

② 屏息,同时从快走转换成正常速度走路,直到产生中度吸气渴求；

③ 吸气,恢复自然呼吸,其间正常速度走路；

④ 重复以上步骤3组。

第3步 力量训练

· 侧肘板支撑 ·

该动作可以有效提升上肢力量、核心力量。

① 平板式准备,重心转移至右小臂,转身体朝向左边,向上伸直左臂；

② 左右脚并拢,右脚外侧放在地板上；

③ 身体呈一条斜线,保持30秒；

④ 换另一侧支撑30秒；

⑤ 左右各1次为1组,做3组,组间间歇30秒。

· 反四足支撑 ·

该动作可以有效提升上肢、背部力量。

① 坐姿准备,双手放在臀部后侧地板上,指尖朝向臀部方向;

② 双脚分开与髋同宽,双脚踩地;

③ 抬高臀部,直至大腿、躯干与地面平行;

④ 臀部落回到垫子上;

⑤ 10次为1组,做3组,组间间歇30秒。

· 船式(半船式)·

该动作可以有效提升腹部力量。

① 坐姿准备,双腿向前伸直,双手撑在臀部两侧的垫子上;

② 背部后靠,同时从地面抬起双腿,腿部与地面呈45°～60°;

③ 双手慢慢离开垫子,指向脚趾方向,手臂伸直,保持30秒;

④ 做3组,组间间歇30秒。

船式暂时无法做到的话,可以屈膝,做半船式。

· 臀桥 ·

该动作可以有效提升下肢力量。

① 仰卧,双手掌心朝下放在臀部两侧;

② 屈双膝,双脚踩地,双脚分开与髋同宽;

③ 臀部、大腿发力,抬高臀部,同时,双臂、手掌压实垫子;

④ 臀部落回到垫子上,12 ～ 15个1组;

⑤ 做3组,组间间歇30秒。

第4步　适宜强度有氧训练

① 跑步,直至心率达到中等强度或较大强度运动心率;

② 选择自我感受比较舒服的强度,维持该强度继续跑步15分钟。

第5步　整理活动15分钟

时尚群体运动

　　周末时间充裕,约着朋友一起运动!您可以选择爬山、徒步、飞盘、球类等运动项目,夏天还可以选择溯溪、桨板、皮划艇等,以自己觉得舒适的强度尽情运动,感受运动带来的超快感。

第11周　乐享运动计划第2期

　　本周运动计划为适宜强度复合运动训练,一周2次;3次×4分钟较大强度有氧训练,一周1次(表2-8)。

表2-8　第11周训练计划

周一	周二	周三	周四	周五	周六	周日
适宜强度复合运动训练		适宜强度复合运动训练		3次×4分钟较大强度有氧训练		

适宜强度复合运动训练

第1步　热身10分钟

第2步　力量训练

• 单腿侧肘板支撑 •

该动作可以有效提升上肢、腹部力量。

① 平板式准备,重心转移至右小臂,转身体朝向左边,向上伸直左臂;

② 右脚外侧放在地板上,右侧腰、右臀部、右腿在一条斜线上;

③ 左腿抬高,保持30秒;

④ 换另一侧支撑30秒;

⑤ 左右各1次为1组,做3组,组间间歇30秒。

• 斜对角伸展 •

该动作可以有效提升腹部、上肢力量。

① 双手和双膝撑地,双臂、双大腿均垂直地面;

②抬起右臂向前伸直,同时抬起左腿向后伸直;

③屈右肘、左膝,在躯干下方触碰,重复10次;

④换左肘、右膝,重复10次;

⑤左右各10次为1组,做3组,组间间歇30秒。

· 俯卧 "Y" "T" ·

该动作可以有效提升背部力量。

①俯卧,额头贴地;

②双手上举过头顶,与躯干呈 "Y" 字形,手臂抬离地面,落回地面,重复10次;

③双手横向打开,与躯干呈 "T" 字形,手臂抬离地面,落回地面,重复10次;

④ "Y" "T" 各做10次为1组,重复3组,组间间歇30秒。

· 动态单腿臀桥 ·

该动作可以有效提升下肢力量。

①仰卧,双手掌心朝下放在臀部两侧;

②屈双膝,双脚踩地,双脚分开与髋同宽;

③抬高臀部,同时,双臂、手掌压实垫子;

④左腿支撑整个躯干,同时向上伸直右腿,之后臀部落回到垫子上,重复10次;

⑤之后换右腿支撑整个躯干,重复10次;

⑥左右各做10次为1组,做3组,组间间歇30秒。

第3步 适宜强度有氧训练

① 跑步,直至心率达到中等强度或较大强度运动心率;

② 选择自我感受比较舒服的强度,维持该强度继续跑步20分钟;

第4步 整理活动15分钟

第5步 轻呼吸训练5分钟

轻呼吸是指通过减少吸入的空气量,进而达到一种轻度缺氧的状态,帮助重建呼吸中枢系统。轻呼吸训练可以增加体内二氧化碳和一氧化氮的浓度,增强身体和大脑的血液循环和氧气输送,提高专注力水平,还可以刺激迷走神经并转向副交感神经,减轻焦虑紧张水平[46]。

① 仰卧最好,坐姿次之,一手放在胸前,一手放在肚脐上方;

② 腹式呼吸,吸气时,感受腹部轻轻隆起,呼气时,感受腹部轻轻回收;

③ 双手轻压胸前和腹部,增加呼吸阻力,逐渐减小每一次呼吸的幅度;

④ 使每次吸气变短,变小,每次呼气,不需要努力,保持放松即可;

⑤ 减慢呼吸节奏,尽可能减少呼吸量;

⑥ 直到出现能忍受的轻度缺氧状态,保持3～5分钟。

刚开始如果轻度缺氧状态无法保持很久,可以分开练习,每次1～2分钟,重复3次。

3次×4分钟较大强度有氧训练

① 热身10分钟;

② 跑步4分钟,直至心率达到较大强度运动心率,即77%～85%最大心率;

③ 轻松散步3分钟;

④ 跑步4分钟,直至心率达到较大强度运动心率;

⑤ 轻松散步3分钟;

⑥ 跑步4分钟,直至心率达到较大强度运动心率;

⑦ 整理活动15分钟。

第12周　乐享运动计划第3期

本周运动计划为适宜强度复合运动训练, 一周2次; 时尚群体运动, 一周1次 (表2-9)。

表2-9　第12周训练计划

周一	周二	周三	周四	周五	周六	周日
适宜强度复合 运动训练		适宜强度复合 运动训练			时尚群体运动	

适宜强度复合运动训练

第1步　热身10分钟

第2步　力量训练

· 动态斜板撑 ·

该动作可以有效提升上肢、核心力量。

① 斜板式准备;

② 手臂、肩背发力推臀部向上, 将臀部推到最高位置;

③ 尽量让手臂、背在一条斜线上, 双腿伸直;

④ 回到斜板式;

⑤ 动态重复12～15个为1组, 做3组, 组间间歇30秒。

· 仰卧对侧肘碰膝 ·

该动作可以有效提升腹部力量。

① 仰卧, 朝天花板方向伸直双臂;

② 屈膝上抬双腿,大腿与躯干、大腿与小腿均呈90°;

③ 左肘、右膝互相靠近,同时,右臂、左腿伸直;

④ 换另一侧重复动作;

⑤ 左右各12 ～ 15个为1组,做3组,组间间歇30秒。

· 蝗虫式 ·

该动作可以有效提升背部力量。

① 俯卧,双腿伸直,脚背触地;

② 双手置于臀部两侧,掌心朝下,双臂伸直,尽量贴靠躯干;

③ 保持腹部、双腿贴地不变,背部发力向上抬起上半身,静态保持30秒;

④ 做3组,组间间歇30秒。

· 深蹲跳 ·

该动作可以有效提升下肢力量。

① 双脚分开略比肩宽,双手交握放在胸前;

② 保持背部挺拔,屈髋屈膝,臀部尽可能多地向后、向下蹲;

③ 利用大腿和臀部的肌肉弹性跳起,双脚离地;

④ 双脚落回地面时,屈髋屈膝,回到深蹲位置;

⑤ 12 ～ 15个为1组,做3组,组间间歇30秒。

第3步 适宜强度有氧运动

① 跑步,直至心率达到中等强度或较大强度运动心率;

② 选择自我感受比较舒服的强度,维持该强度继续跑步25分钟。

第4步 整理活动15分钟

第5步 数息训练5 ～ 10分钟

数息指的是数呼吸次数,一吸一呼记为1,再吸再呼记为2。数息训练的效益来自持续、规律的练习。即使初期很难长时间保持专注,也不要放弃,坚持练习会有显著的改善。

① 臀部前二分之一坐在椅子上,双手掌心朝下放在两条大腿上,双脚分开与髋同宽,脊柱挺拔,肩背下沉;

② 闭上双眼后,保持意识清醒,把注意力放在呼吸上;

③ 先做腹式呼吸,帮助放松身体,平静内心;

④ 每次呼气结束时,累积计数,从1数到10,再重复从1数到10。即第一次吸气时保持觉知,呼气结束时计"1";第二次呼气时计"2",继续这个过程;当数到"10"后,不必继续往上数,而是重新从1开始,直至数到"10"。这样做是为了防止思维过于集中在计数本身,而忘记了对呼吸的觉察。

在数息过程中,注意力可能不会始终专注在呼吸上,这很正常。如果发现自己有杂念,忘记了数到几,请不要沮丧,温和地觉察一下是什么思绪、念头把你的注意力带走了,之后再把注意力带回呼吸,然后从"1"开始重新计数即可。接纳这些思绪的存在,不过分纠结。

时尚群体运动

　　周末邀请更多的朋友一起运动吧，相信运动会让你度过一个欢声笑语的周末！爬山、徒步、户外瑜伽、飞盘、溯溪、桨板、球类等，以自己觉得舒适的强度尽情运动，让自己充分感受运动的超快感。运动时间需要在1小时以上！

第13周　乐享运动计划第4期

　　胜利就在眼前啦！恭喜顺利来到第13周，本周运动计划为适宜强度复合运动训练，一周2次；4次×4分钟较大强度有氧训练，一周1次（表2-10）。

表2-10　第13周训练计划

周一	周二	周三	周四	周五	周六	周日
适宜强度复合运动训练		适宜强度复合运动训练		4次×4分钟较大强度有氧训练		

适宜强度复合运动训练

　　第1步　热身10分钟

　　第2步　力量训练

• 单腿动态斜板撑 •

该动作可以有效提升上肢力量。

① 斜板式准备；

② 手臂、肩背发力推臀部向上，将臀部推到最高位置，右腿抬高；

③ 回到斜板式；

④ 动态重复12 ～ 15个，换另一条腿再做12 ～ 15个；

⑤ 左右各12 ～ 15个为1组，做3组，组间间歇30秒。

• 仰卧上抬腿 •

该动作可以有效提升腹部力量。

① 仰卧,双手掌朝向地面放在臀部两侧;

② 双腿并拢,屈膝上抬双腿;

③ 腹部发力,向上抬起双腿,下背部离地;

④ 下背部有控制地落回地面;

⑤ 12 ～ 15个1组,做3组,组间间歇30秒。

· 超人 ·

该动作可以有效提升背部力量。

① 俯卧,双手向上举过头顶;

② 双手双腿同时抬离垫子;

③ 12 ～ 15个1组,做3组,组间间歇30秒。

· 高弓步 ·

该动作可以有效提升下肢力量。

① 双脚并拢,挺拔站姿;

② 左腿向后撤一大步,伸直左腿,左脚尖踩地,脚跟离地;

③ 右小腿垂直地面,右膝与右脚趾尖一个方向;

④ 躯干直立向上,伸展手臂举过头顶,静态保持30秒;

⑤ 收左腿回来,换另一条腿保持30秒;

⑥ 左右各1次为1组,做3组,组间间歇30秒。

第3步 适宜强度有氧训练

以自己觉得舒适的强度,欢乐跑步30分钟。

第4步 整理活动15分钟

第5步 观息训练

观息训练是引导大家有意识地去关注、觉察呼吸,自然呼吸、腹式呼吸均可。呼吸是生命的节律,只要我们活着,呼吸就永远伴随着我们。不管我们在哪里,在做什么,呼吸都在这里,可以随时被关注。关注呼吸可以将我们即刻带到当下,沉浸在一个基本的、有节律的、变化的生命过程当中。该项练习可以帮助我们进入心流状态,随着练习的持续,您会越来越平静、祥和、喜悦、专注。

① 臀部前二分之一坐在椅子上,双手掌心朝下放在两条大腿上,双脚分开与髋同宽,脊柱挺拔,肩背下沉;

② 闭上双眼后,保持意识清醒,把注意力放在呼吸上;

③ 在接下来的整个过程中,以"非评判"的态度去观察自己的呼吸,观察呼吸的进出,观察气流的温度,观察呼吸深度与宽度,观察呼吸时身体的变化。不做任何多余的联想,觉察当下你能感知到的一切。其间,你的注意力可能会被脑海中的一些念头所吸引,出现走神的情况,请同样以"非评判"的态度去观察这些念头是什么,不要带有任何的情绪评价。当您意识到走神之后,再重新把注意力回到呼吸上就好;

④ 请先觉知一下空气进入鼻腔的温度(停留1分钟);

⑤ 接着觉知一下呼吸是如何进出你的鼻孔的,左鼻孔右鼻孔的气流是否一

样,是左鼻孔更加通畅一些,还是右鼻孔更加通畅一些,还是说两侧鼻孔一样通畅,空气能均匀地进入两个鼻孔(停留1分钟);

⑥ 觉知每次呼吸时身体的变化,吸气时,胸腔、腹腔是如何变化的,锁骨、肋骨、肩胛骨、脊柱是如何微动的? 每次呼吸时,手臂、腿、手、脚有何感觉?(停留1分钟);

⑦ 觉知呼吸的深度,每次吸气末尾,气息能够走到身体的哪个部位,是喉咙,是胸腔的上端、中间,还是下端,抑或是腹腔,每次呼气时,气流又是如何排出体外的(停留1分钟);

⑧ 觉知呼吸的宽度,每次吸气时胸腔、腹腔横向扩张了多少,呼气时,又收缩回来了多少(停留1分钟);

⑨ 觉知呼吸的长度,是吸气更长一些,还是呼吸更长一些还是两者一样长(停留1分钟);

⑩ 觉察呼吸时心理的变化,是轻松的,是紧张的,是无聊的,抑或是平静的,只去觉察是什么就可以了,不要评判(停留3分钟)。

⑪ 慢慢睁开眼睛。

4次×4分钟较大强度有氧训练

① 热身10分钟;

② 跑步4分钟,直至心率较大强度运动心率,即77% ～ 85%最大心率;

③ 轻松散步3分钟;

④ 跑步4分钟,直至心率达到较大强度运动心率;

⑤ 轻松散步3分钟;

⑥ 跑步4分钟,直至心率达到较大强度运动心率;

⑦ 轻松散步3分钟;

⑧ 跑步4分钟,直至心率达到较大强度运动心率;

⑨ 整理活动15分钟。

第14周　运动效果测试与评估

恭喜成功来到第14周,本周是最终的效果测试周,请重复第1周的测试内容,包括身体质量指数测试、心率测试、肌肉力量测试、身体疼痛测试、情绪与睡眠测试。大家可以把第1周和第14周的各项测试数据填写到表2-11当中,相信经过14周的努力,许多测试指标都会在一定程度上得到改善,快来对比一下吧!

表2-11　14周运动效果对比

测试内容		第1周	第14周
BMI			
静息心率			
肌肉力量	上肢力量		
	腹部力量		
	背部力量		
	下肢力量		
身体疼痛状况	颈部		
	肩背		
	腰		
	下肢		
情绪状态			
睡眠质量			

相信大家已经切身感受到白领智慧运动的魅力,收获了强健的身体、愉悦的心情、健康的运动习惯。这14周的运动只是开始,以后的每一天,请大家真正地去享受运动健康生活吧!

第 3 章

常见问题汇总与答疑

①

Q: 如何判断自己运动强度是否合适？

A: 可以从运动后心率恢复的情况以及身体的反应来判断运动强度是否合适。运动后的心率恢复情况是一个重要的参考指标。如果在运动结束后，心率在休息后十分钟内恢复到运动前水平，并且运动后自我感觉轻松愉快，食欲和睡眠良好，这通常意味着运动量合适。此外，身体反应方面，运动后稍微感到累，微微出汗，但还想继续运动，这通常表明运动量适中。如果运动后全身无力，大汗淋漓，再也不想运动，则可能意味着运动量过大，需要适当降低运动强度。

②

Q: 如何判断自己是否处于超量恢复阶段？

A: 判断自己是否处于运动的超量恢复阶段，主要依据运动后心率恢复的情况以及自身的感受。运动后，如果心率在休息后十分钟内恢复到运动前水平，并且感到轻松愉快，食欲和睡眠良好，虽然可能有肌肉酸痛和疲劳，但经休息后可以消失，这表明运动量适宜，身体处于正常的恢复状态。相反，如果运动结束后心率在休息5～10分钟后仍未恢复，并且感到疲劳、心慌、食欲缺乏、睡眠不佳，这可能意味着运动量过大，身体未能充分恢复。

此外，运动后的身体反应也是判断是否处于超量恢复阶段的重要指标。如果运动后身体没有发热感、无汗、脉搏无明显变化或2分钟内迅速恢复常态，这表明运动量不足，不会产生运动效果，应加大运动量。而如果运动过量，可能会表现为腰膝酸软、肌肉疼痛等疲劳现象，如果这些症状在下次运动前未能恢复，则表明上次的运动量过大，需要调整运动计划以减少锻炼次数及强度。

③

Q: 每天无法坚持多项微运动，很沮丧，怎么办？

A: 微运动的主要目的是帮助大家行动起来，增加日常活动量、打断久坐状态。即便无法同时开展多项也没有关系，千万不要沮丧。虽然，书中给大家介绍了四种类型的微运动，但大家可以根据自身实际情况，弹性调整每天实际开展的微运动个数，能够保持每天1个微运动也非常好，尽量避免久坐即可。

④

Q：我只喜欢跑步，每次跑完感觉也特别好，可以不做其他运动吗？

　　A：长期进行单一运动项目往往会重复单一的动作模式，特定肌群过度使用，拮抗肌群缺乏相应刺激，最终有可能导致肌肉力量失衡，并且有可能加速相关骨骼关节的磨损，例如，跑步对膝关节、踝关节、髋关节都有较大的损伤风险。此外，身体适应单一的运动模式之后，运动效果也会大打折扣，因此，仍然建议进行复合运动训练模式。

⑤

Q：工作真的非常忙，没有时间运动怎么办？

　　A：身体是"革命"的本钱，没有健康的身体，一切都无从说起。我们可以采用时间碎片化运动策略，以少量多次的方式开展运动，也可以好好利用睡前的时间做一些简单助眠的拉伸、呼吸放松训练。使用升降桌坐、站交替办公，在站立的时候做一些类似提踵这类不影响工作的动作训练。

⑥

Q：运动后反而失眠怎么回事？如何调整？

　　A：运动后失眠可能和运动的生理机制有关。运动后神经兴奋性增强、体温调节延迟、代谢产物堆积等都有可能影响睡眠。中大强度运动会激活交感神经，促使肾上腺素、皮质醇分泌增加，导致大脑持续处于亢奋状态，难以进入睡眠准备阶段。剧烈运动后乳酸在肌肉中堆积，引发的酸痛或僵硬感，导致身体无法放松，也会影响入睡。

　　选择适合的强度开展运动，避免过量。避免晚间进行中大强度运动，最起码睡前3小时之内不要剧烈运动。优化运动后的整理放松活动。睡前可以尝试慢呼吸放松训练，降低交感神经兴奋性。若调整后仍持续失眠，建议排查器质性疾病（如焦虑症、围绝经期综合征）。

7

Q: 如何将运动习惯传导给家人朋友？

    A: 通过渐进式策略分阶段引导并带领家人朋友养成运动习惯。意识引导阶段：需要通过各种资源帮助他们形成"运动有益身心健康"的认知；行为开启阶段：通过家庭式、趣味化的运动帮助他们动起来，比如饭后散步，周末逛公园、双人PK赛等；行为巩固阶段：提供情绪价值，强调共同进步，形成互相鼓励的正向激励模式。

参考文献

［1］ 廉思, 袁晶. 陷入焦虑, 走向分化: 当代中国城市白领［J］. 文化纵横, 2022(4): 100-108.

［2］ Pratt M. What's new in the 2020 World Health Organization guidelines on physical activity and sedentary behavior?［J］. Journal of Sport and Health Science, 2021, 10 (3): 288-289.

［3］ Koedijk J B, van Rijswijk J, Oranje W A, et al. Sedentary behavior and bone health in children, adolescents and young adults: A systematic review-supplementary presentation［J］. Osteoporosis International, 2017, 28(10): 3075-3076.

［4］ 马振清. 城市青年白领的纠结与焦虑［J］. 人民论坛, 2018(22): 32-33.

［5］ Pizzagalli D A, Roberts A C. Prefrontal cortex and depression［J］. Neuropsychopharmacology, 2022, 47(1): 225-246.

［6］ Warburton D E R, Bredin S S D. Health benefits of physical activity: A systematic review of current systematic reviews［J］. Current Opinion in Cardiology, 2017, 32 (5): 541-556.

［7］ 张育恺, 周成林, 陈爱国, 等. 慢性锻炼与认知功能关系的回顾与展望: 国际历史发展的视角［J］. 体育科学, 2017, 37(5): 68-79.

［8］ 李鹏飞, 吕永忠, 张慧珍. 大众健身中武术习练者运动损伤康复研究［J］. 甘肃科技, 2020, 36(14): 50-51, 78.

［9］ 高晓嶙, 常芸. 我国大众健身人群运动猝死的调查研究［J］. 中国体育科技, 2009, 45(2): 83-87.

［10］ 朱兰芳, 陈晓峰. 物联网赋能智慧健身: 价值、现实困境与优化路径［J］. 体育文化导刊, 2022(8): 58-64.

［11］ 李红娟, 王正珍, 隋雪梅, 等. 运动是良医: 最好的循证实践［J］. 北京体育大学学报, 2013, 36(6): 43-48.

［12］ 曹振波, 陈佩杰, 庄洁, 等. 发达国家体育健康政策发展及对健康中国的启示［J］. 体育科学, 2017, 37(5): 11-23.

［13］ 冯连世. 运动处方［M］. 北京: 高等教育出版社, 2020.

［14］ 闫艳, 王正珍, 李雪梅, 等. 不同运动方式干预对高血压患者心肺耐力影响的研究进展［J］. 中国预防医学杂志, 2020, 21(7): 836-840.

［15］ 严翊, 宋鸽, 朱文阁, 等. 不同运动方式锻炼人群的血液代谢组学特征对比［J］. 北京体育大学学报, 2021, 44(5): 34-46.

［16］ 李红娟, 王正珍, 严翊. 体力活动与骨健康［J］. 北京体育大学学报, 2012, 35 (8): 37-42.

［17］Babatunde O O,Forsyth J J,Gidlow C J. A meta-analysis of brief high-impact exercises for enhancing bone health in premenopausal women［J］. Osteoporosis International,2012,23(1):109-119.

［18］陈晓可,张栋,陈超凡,等.高强度功能性训练与传统单一训练模式的绩效比较研究系统综述:基于运动素质、生理机能和身体成分测试［J］.首都体育学院学报,2024,36(3):321-333.

［19］江婉婷,王兴,王光旭,等.抗阻运动对中老年女性下肢肌肉力量及功能干预效果的Meta分析［J］.首都体育学院学报,2019,31(3):272-280.

［20］杨敏丽,张忍发.普拉提斯运动疗法在腰椎间盘突出症患者康复治疗中的作用［J］.成都体育学院学报,2012,38(6):92-94.

［21］王武浩,张广鹏,谢海江,等.坐式太极拳对Brunnstrom Ⅱ期脑卒中患者上肢运动功能的影响研究［J］.成都体育学院学报,2023,49(2):82-87.

［22］王凯源.太极拳特定动作和瑜伽特定动作练习对白领员工腰腹部成分代谢的调查研究［J］.中国体育科技,2014,50(2):98-102.

［23］孙晓静,张剑梅,王立中,等.八段锦联合有氧踏车对PCI术后患者焦虑、抑郁及心肺功能的影响［J］.中国体育科技,2020,56(5):41-47.

［24］Rebar A L,Stanton R,Geard D,et al. A meta-analysis of the effect of physical activity on depression and anxiety in non-clinical adult populations［J］. Health Psychology Review,2015,9(3):366-378.

［25］Schuch F B,Vancampfort D,Firth J,et al. Physical activity and incident depression:A meta-analysis of prospective cohort studies［J］. American Journal of Psychiatry,2018,175(7):631-648.

［26］蒋长好,陈婷婷.身体活动对情绪的影响及其脑机制［J］.心理科学进展,2014,22(12):1889-1898.

［27］孙潇,金雨薇,刘荣,等.急性运动对负性情绪信息有意遗忘的影响［J］.体育科学,2024,44(1):69-77.

［28］颜军,李崎,张智锴,等.校园课外体育锻炼对小学高年级学生身体自尊和自信的影响［J］.体育与科学,2019,40(2):100-104.

［29］薛婷.职业女性体育锻炼与身体满意度的关系研究:身体自尊的中介作用［D］.金华:浙江师范大学,2023.

［30］徐霞,姚家新.大学生身体自尊量表的修订与检验［J］.体育科学,2001,21(2):78-81.

［31］戴冰,赵攀,熊梅,等.四川省成都市老年人社会支持及影响因素［J］.中国老年学杂志,2018,38(14):3523-3525.

［32］张磊.体育与非体育专业大学生社会支持的研究［J］.北京体育大学学报,2008(2):174-175,204.

［33］李昌俊,贾贺男,左俊楠.锻炼促进心理健康的效果、机制与展望［J］.中国体育科技,2015,51(1):132-139.

［34］魏胜敏,高前进.运动对各年龄阶段人群脑健康的影响及机制研究进展［J］.中国康复理论与实践,2018,24(1):76-79.

［35］金鑫虹,丁宇翔,周成林.运动促进大脑健康:来自行为和脑科学的证据［J］.科技导报,2022,40(10):39-48.

［36］Voss M W, Vivar C, Kramer A F, et al. Bridging animal and human models of exercise-induced brain plasticity［J］. Trends in Cognitive Sciences, 2013, 17(10): 525-544.

［37］孙君志,张晓蕊,廖远朋.运动促进脑健康的基础科学研究进展——基于第64届美国运动医学会年会报告综述［J］.北京体育大学学报,2017,40(8):58-64,69.

［38］Lunghi C, Sale A. A cycling lane for brain rewiring［J］. Current Biology, 2015, 25(23): 1122-1123.

［39］刘天宇,李治,邬建卫.太极拳促进脑健康的循证医学证据与推进路径［J］.上海体育大学学报,2024,48(4):81-91.

［40］Falletta-Cowden N, Smith P, Hayes S C, et al. What the body reveals about lay knowledge of psychological flexibility［J］. Journal of Clinical Medicine, 2022, 11(10): 2848.

［41］于海云,焦学赛.工作场所运动对员工关系绩效的影响研究:共情的中介作用与工作场所健康促进的调节效应［J］.中国人力资源开发,2024,41(3):52-68.

［42］钟华梅,许文鑫.体育锻炼参与的主观福利效应研究——基于中国家庭追踪调查数据的实证分析［J］.西安体育学院学报,2024,41(1):62-75.

［43］金鑫虹,王姁如,周成林.体育锻炼效益的剂量-效应关系理论探新［J］.北京体育大学学报,2022,45(11):12-24.

［44］杨晓琳,包大鹏,周多奇,等.HIIT健康促进个体效果多组学预判模型及机制研究:实验方案和初步结果［J］.北京体育大学学报,2021,44(5):47-58.

［45］斯蒂芬·盖斯.微习惯:简单到不可能失败的自我管理法则［M］.桂君,译.南昌:江西人民出版社,2016.

［46］帕特里克·麦基翁.学会呼吸:重新掌握天生本能［M］.李相哲,胡萍,译.北京:中国友谊出版公司,2019.